あなたの勉強法はどこがいけないのか？

西林克彦 Nishibayashi Katsuhiko

JN282076

★――ちくまプリマー新書
105

目次 ＊ Contents

はじめに

私は長い間、教員養成大学（教師になりたい人が学ぶ大学）で、学習心理学という教科を教えてきました。そうして、大学生たちと話をしていて一番おどろいたのは、ほとんどの学生が、「受験のための勉強と人生のための勉強は別だ」と思っているということでした。

また、『勉強法』という言葉で思い浮かぶものをあげてもらうと、「嫌なものからする」「午前中に集中してする」「記憶術を活用しておぼえる」など、個別的なことばかりを思い浮かべて、後々まで活用できるような、人生にも役立つような勉強法について述べる学生は、ほとんどいませんでした。

自分の勉強法など特に考えなかった幼いころはともかく、この本が読めるくらいの年齢になっているあなたが、「受験のための勉強と人生のための勉強は別だ」と思いながら、毎日の勉強を受験のためだけにしているとしたら、いま勉強に費やしている時間が未来の人生に役立ちにくいだけでなく、大人へのスタートも、知らないうちに遅れてしまうことにもなりかねません。

いまの勉強を、どうすればあなたの未来に活《い》かすことができるか、それも、そんなにがむしゃらにしなくてもできるか。この本は、そのことを考えてもらうためのヒントになるように書いてあります。また、勉強をしたのはもうだいぶ昔のことで、いまは勉強をしていない大人の人にも、これからの人生を豊かに生きていただけるようにと願って書いています。

この本は、小学校から高校までで学ぶ算数（数学）、国語、理科、社会などの教材を例にして書いていますが、特定の教科、特定の教材の勉強法について書いたものではありません。むしろ、どれか一つの教材でわかったことが、なるべく他の教材・教科でも役立つようにと心がけて書いたつもりです。

この本で述べる勉強法と、他の多くの勉強法との大きな違いは、「知識」についての考え方の違いだと思います。他の多くの勉強法では、そして実はみなさんも、ともすれば、「教科書にのっているようなすでに内容が決まった知識を、ある量、なんとかテストまでに頭に詰め込む」ことが勉強と考え、それを少しでも効率よくさせてくれるのが勉強法と考えていないでしょうか？

それに対し、この本では、「知識」の中に分け入り、また周辺を探って、その「知識」がどんな質や構造であれば、勉強が容易になるか。また、容易になるだけでなく、勉強した「知識」が有効な道具になって、自然や社会を理解したり改良したりできるようになるか、ということを書いています。

こんなふうに言うと、これ以上勉強しなければならないのかと思う人もいるかもしれません。けれども、この本では、多くは小学校の教科書で扱っている教材を例にしています。そうして、「できる」人と「できない」人とでは、その知識の質や構造が、どんなふうに違っているかを説明し、「できる」人と「できない」人では、こんなふうに知識の質や構造が違うのだから、「できる」人のような知識の質や構造が自分のものになる勉強法に変えましょう、ということを書いているのです。

自分の勉強が、テストのたびにおぼえて、終わったらすぐ忘れるだけのものになっているると感じたり、世の中や自分の未来を考えることに全く役に立っていないと感じたりする時には、「もしかしたら勉強法がいけないのかも？」と考えて、この本に書いてあることをヒントに、何か一つでも変えてもらえればと思います。

この本を読み終わった時、みなさんが、いままでわかっていると思っていたことがわからなくなっていたり（その方がいいんだということが、読んだ後ではわかってもらえているると思います）、いままで当たり前と思っていたことが新鮮に見えていたり、勉強は面白いと思えたり、勉強法によってこんなに違うんだ、と実感できるようになっていたりするといいなと思っています。

なお、この本のベースになっている「認知心理学」というのは、ある人が何かに気づいたり記憶したり考えたりする時に、その人がすでに持っている知識（これを「既存知識」と言います）が、そうした活動に決定的に影響を及ぼすと考え、その影響のしくみや影響のしかたを研究する心理学です。

この本を書くにあたっては、山崎誠二《やまざきせいじ》さん、新渡幹夫《あらとみきお》さん、男澤清勝《おとこざわきよかつ》さんをはじめとする「仙台月いち会」の先生たちに、内容の多くを負っています。まず、最初にお礼を言わなければなりません。

また、筑摩書房の四條詠子さんには、この本の企画の段階から、すっかりお世話になりました。

そして、原稿整理や校正を手伝ってくれた水田《みずた》まりさんにも、心から感謝しています。

平成二十一年三月

著者

第一章　「苦手」ということ

1　「できない」と「苦手」の違い

なぜ、このようなことから？

この本の第一章には、「『苦手』ということ」、第二章には、「『得意』と『素質』」という題がついています。なぜ、「苦手」「得意」というようなことから勉強法の話が始まるのか、と疑問に思う人もいるかもしれません。「苦手」や「得意」といったことは、生まれながらの素質が大きく関係することで、勉強法で考えるのはそもそも無理なのでは、と思う人もいるでしょう。

そうではない、「苦手」や「得意」といったことにも、勉強法が密接に関わっている、というのが第一章と第二章の内容です。この二つの章に書いてあることをわかってもらえれば、勉強法は本当に大切なものだとしみじみ感じてもらいながら、第三章以下を読んでもらえるだろうと思います。そう考えて、このような内容から始めたのです。

そうして、この本の結論は、勉強法によって勉強の成果はまったく異なる。だから、いい成果が得られるような勉強法をしようというものです。もう少し正確に言うと、ある人が勉強して自分のものにした知識の質やその構造が、その人の「できること」を大きく決めている。「できる」人と「できない」人とでは、知識の質やその構造が異なっている。だから、もしあなたが「できない」人のような知識の質や構造しか自分のものにできない勉強法をしているのだったら、それはやめて、「できる」人のような知識の質や構造が自分のものになる勉強法に変えてみませんか、というものです。

そのようなことを頭のすみにおいて、この先を読み進めてください。

苦手とは？

さて、あなたに苦手な分野があるとしましょう。苦手な分野のことは、おそらく「できない」ことが多いだろうと思います。同じように、「できない」分野に関しては、たぶん苦手意識を持っているでしょう。

このように、「苦手」と「できない」は一緒に起きることが普通です。したがって、「苦手」は「できない」と同じだと考えられていることが多く、大学生に聞いてみても、そう思っている人がほとんどです。

しかし、よく考えてみると、「苦手」というのは、ただ単に「できない」という状態を指している言葉ではないようです。アメリカの認知心理学者に、ブランスフォードという人がいます。ブランスフォードたち（Bransford, J.D. and Stein, B.S. 1984 The ideal problem solver. W.H.Freeman and Company. 古田《ふるた》勝久《かつひさ》・古田久美子《くみこ》訳『頭の使い方がわかる本』ＨＢＪ出版局、一九九〇）の本の中から、ある事例を取り上げてみましょう。

この人たちは、問題解決に関する授業を受け持っていたのですが、その授業を、いつも次のような質問から始めていたのだそうです。

「あなたの自動車の右側のウインカーが点灯しなくなりました。なぜ点灯しないのかを考えてください」

こういう問いを投げかけられると、受講生の多くは、「私は車のことは全然知らない」と答えるのだそうです。つまり、この問題を解けないと言うわけです。

やるとできる?

しかし、気を楽にして、よく考えるようにうながされると、自分が思っていた以上に知っていることに気づくのだそうです。たとえば、普通の明かりと同じで、ウインカーにも電球が必要であるとか、点灯のために普通の明かりと同じように電気が必要であるといったようなことです。車のことに詳しくなくても、このくらいのことだったら、私たちだって知っているでしょう。

そうすると、故障の原因が電球にあるのか、それともその電球に電気が来ていないことにあるのか、といったことを考え始めるのはそんなに難しいことではありません。

では、まず電球が切れているかどうかを調べるためには、どうすればいいでしょうか。点灯しない右側の電球を外して、点灯していて切れていないことが確実な左側の電球を差し込んでみればどうでしょう。これで点灯すれば、右側の電球が切れていたからだと結論づけることができます。

左側の電球を右側に差し込んでも点灯しなかったら、この電球が切れているかどうかの前に、電気が来ていないから点灯しないということになり、電気系統のトラブルが考えられます。ヒューズが切れているのかもしれません。

このようにして、ほとんどの人がうながされれば、ウインカーが点灯しない理由を、比較的簡単に発見できるとブランスフォードたちは言うのです。

この事例からわかるのは、人はそれなりの知識を持っているのに、それらを十分に生かせないでいるということです。そしてこれが、「苦手」という状態の大きな特徴だと考えられます。「やれば」ある程度はできるのに、「できない」と最初から決めてかかっているのです。

ですから、「苦手」は単純に「できない」というのではなくて、実態以上に（以下と言ってもいいかもしれませんが）、または必要以上に「できない」と感じている状態なのだと言うことができるでしょう。

「できない」と恐怖心

多くの人たちが「やれば」ある程度できるのに、「できない」と最初から決めてかかるのはなぜでしょうか。あまり正確でなくてもよければ、これに対する答えは簡単です。**自分が「できない」という事実に直面するのが、いやなのです。**「できない」かもしれないので、逃げ腰になるのです。

ジョン・ホルトという人が書いた教育関係のロングセラー本に、『子ども達はどうつまずくか』という題のものがあります（吉田《よしだ》章宏《あきひろ》監訳、評論社、一九八一）。

そこには、子どもたちが失敗することをひどく恐れ、自分がバカに見えないように、その場を切り抜けることばかり考え、勉強している内容そのものの理解には向かわないため、結局勉強に失敗している姿が克明に描かれています。

「恐怖心と失敗」という章の一九五八年一二月三日の項には、次のような記述があります。

「先生に質問されて答えがわからない時、君たちどんなことを考える？　どんなことが君たちの心の中におこるだろう？」と聞いた。その質問は爆弾的発言だった。すぐに、部屋中が麻ひしたように黙り込んでしまった。子どもたちはみんな、私をじっと見つめた。（中略）どうしたわけで、「ゴクリ」と息が詰まりそうに感じるのか、私は子どもたちに尋ねてみた。すると彼らは、失敗するのがこわいんです。人におくれをとるのがこわいし、間抜けと言われるのがこわいし、自分自身でも間抜けだと思うのがこわいんですと言った。

アメリカでも日本でも、子どもでも大人でも、基本的に同じだろうと思います。人は自分が「できない」という事実に直面するのがいやなのです。それは、他人に対する見栄もあるかもしれません。バカに見えはしないかと考えてしまうといったこともあるでしょう。しかし、他人が見ていなくても、自分が「できない」という事実に直面するのはいやでしょう。自分自身の無能力を意識させられることになる場面は避けたいのです。

そして、これが苦手意識の源だと私は考えています。

「できない」と一般的な能力

ある一人の人の中に、比較的「できる」分野と比較的「できない」分野があるのは当たり前ですし、「できない」ことを避けたいと思うのは、人として当然のことだとも思います。また、「できない」ことについて、自分は「現段階ではできない」のだとはっきり認識しておくことも大切なことです。

それでも、苦手意識が問題になるのは、実際に「できない」こと以上に、「できない」

と感じてしまうことによって、必要以上に臆病《おくびょう》になってしまうという、つまらない事態になりがちだからです。

少し視野を広く持てば、人は必ずしも何もかもできる必要があるわけでも、何もかもできないと困るわけでもありません。そもそも、何もかもできる人なんているわけがありません。ただ、ある分野のささいな「できない」ことがコンプレックスになって、その他のところでも必要以上に臆病になってしまうことになるのがまずいのです。

さて、ここからが私の最も言いたいことです。それは、**必要以上に「できない」と感じ臆病になってしまうのは、「できない」ことの理由を、自分の一般的な能力のせいにしているからだ**ということです。

ここにたとえば、ある問題が起こっていて、その問題は解決「できない」けれど、解決できない理由はその問題を解決するのに必要な知識のほんの一部だけが足りないからだ、とはっきりわかっている人がいるとしましょう。その人は、その問題が解決「できない」からといって、その問題が関係するすべてのことについての自分の能力や、もっと一般的な自分の能力のなさ——たとえば頭が悪いといったこと——を嘆いたりはしないでしょう。おそらく、その人は「あの知識が足りないから、いまはこの問題は解決できない」としか考えないでしょう。

自分の得意、不得意をきちんと自覚している人は、あることが「できない」からといって、自分の一般的な能力に関して不安を持つことはまずありません。「できない」こと自体は、必ずしも自分の能力に対する不安感と直結したものではないからです。問題解決に必要な知識についてきちんと知っていて、自分をきちんとわかっていれば、「できない」からといって、その理由をすぐさま自分の一般的な能力が足らないからだと考えたりはしません。そのことをきちんとわかっていないから、できない原因を自分の一般的な能力が足らないせいにして、必要以上に臆病になってしまうのです。

「できない」理由を一般的な能力のなさだと感じれば感じるほど、「できないかもしれない」という恐怖心ですくんでしまう場面も増え、臆病になってしまう分野もどんどん広がっていくことになると言ってもいいのかもしれません。

2 「できない」理由を知る

「できない」状態とは?

「できない」ことが苦手になるのは、「できない」理由を一般的な能力の問題だと考えるからで、そうでなければ苦手にはなりません。すなわち、「できない」理由が本人に具体的によくわかっていれば、「できない」という事実は、ただ単に「できない」ということだけにとどまり、自分の一般的な能力を疑うことにはならないのです。

そこで、実際の「できない」状態を具体的に考えてみましょう。図1―1のような面積の問題で考えてみます。これらは、小学四年生用のある算数の教科書にのっていたものです。

(a)は、長方形の面積を扱った単元にある、面積を求める問題です。

(b)は、その単元の「まとめの問題」に出てくるものです。花壇の中に道が通っています。道には花を植えられないので、花壇の中で実際に使える面積はいくらになるかをたずねる問題です。

(c)は、この面積の単元を離れた、もっと大きな復習のところにある問題です。これも花壇の中に道が通っていて、実際に使える残りの面積を求める問題です。ただ、道が二本あり、しかもその道がクロスしているものです。

みなさんは簡単に解けるでしょうが、小学四年生ではそうはいきません。(a)では成績は非常によく、(b)もかなりできますが、(c)は相当に「できない」というのが結果です。

公式以外の知識が必要

ここにある(a)(b)(c)の問題が、すべて長方形の面積の公式を使う応用問題であることは、みなさんおわかりになると思います。けれども、これらの応用問題が解けるためには、このあと書くように、長方形の面積の公式を知っているだけでは足りません。

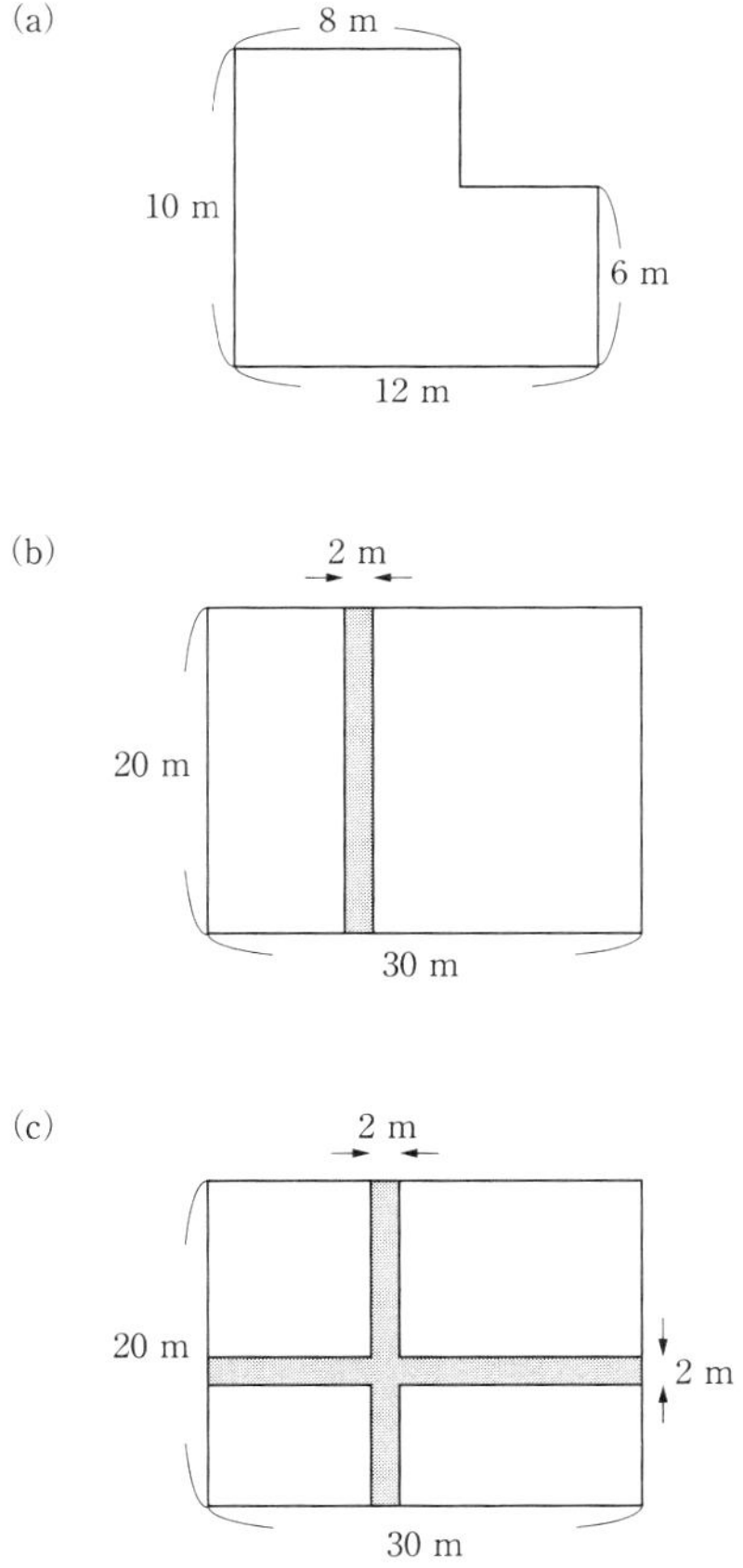

図 1—1　面積を求める応用問題

(a)は、「大きい長方形から、欠けた部分の長方形を引いて」求めることができます。また、「全体を二つの長方形に分けて、その足し算で」求める方法もあります。ですが、「大きい長方形から、欠けた部分の長方形を引いて」あるいは「全体を二つの長方形に分けて、その足し算で」ということがわかっていなければ、いくら長方形の面積の公式がわかっていても、この問題は解けません。

(b)ではどうでしょうか。(a)で使った「全体を二つの長方形に分けて、その足し算で」という知識は使えません。どうしてかといえば、道がどこにあるか、花壇の端から何メートルのところにあるかが示されていないからです。

代わりに、「大きい長方形から、欠けた部分の長方形を引いて」という知識を使う必要があることは、すぐわかります。

しかし、それだけで十分でしょうか。気がつきにくいかもしれませんが、もう一つ「欠けている部分がどこにあっても同じ」という「知識」も必要です。(b)が(a)よりわずかながら難しいのは、(a)では一つでよかった公式以外の知識が、(b)では二つ必要になっているからなのです。

「考え方」と「知識」

ところで、あなたは「欠けている部分がどこにあっても同じ」というようなことを「知識」とよぶのはおかしい、それは「考え方」などとよぶべきではないかと感じませんか？　そういう場合には、次のように考えてほしいと思います。

あなたが「考え方」という言葉で、「いま、まさに考えている状態」をイメージするのであれば、それは、一般的に言って「知識」とは当然よばないでしょう。でも、あなたが自分の思いついた「考え方」を人に伝える場合をイメージしてみてください。そのときには、その「考え方」は言語化され、伝えられる形になったものでしょう。伝えようとしているのは、「考えている状態」そのものではなくて、「考えた結果」です。「こんなふうに考えればこうなります」というのは、考えた結果を伝えているのです。

「考え方」というのが「考えている状態」ではなくて、「考えた結果」なのだということになれば、それはもう「知識」とよんでもおかしくはないでしょう。むしろ、きちんと「知識」とよび、「知識」と認識することで、あとに述べる勉強法が理解しやすくなります。そういうわけで、「欠けている部分がどこにあっても同じ」というようなことにも、「知識」という言葉を使っているのです。

さて、(c)が解けるためには、どんな知識が必要でしょうか。長方形の面積の公式と(b)で使った知識だけでは足りません。それぞれの道がクロスしていなければ、二本の道の面積を引いただけでいいのですが、そんなふうに計算すれば、道がクロスしている重なった部分を二度引いてしまうことになります。したがって、この(c)では、「引きすぎに対応する」知識も必要になってきます。(c)の成績が著しく悪いのは、(a)では一つ、(b)では二つでよかった公式以外の知識が、ここでは三つ必要になっているからなのです。

応用とできない理由

先ほど、これらの問題は、長方形の面積の公式に関する応用問題だと言いました。応

応用問題の解決←公式という知識＋公式を問題に生かすための補助知識

図1—2　応用問題の解決

用問題というのは、実は公式を知っているだけでは解けない問題ということです。公式以外の知識が必要ないのであれば、その問題は、ただ公式を使うだけの問題で、応用問題とはよびません。

言いかえれば、**応用問題が解けるためには、必ず公式以外の知識が必要ということになります。公式だけをいくら一生懸命おぼえても、応用問題が解けないのはこのためです。**

そこで、公式のような知識を「公式という知識」、公式以外の知識を「公式を問題に生かすための補助知識」と名前をつけて区別して、これらの関係を図1—2で示しておきます。

苦手意識はこうして生まれる

さて、長方形の公式を「教わった」子どもたちが、これらの応用問題、とくに(c)を与えられて「できない」時に、みなさんは、その理由をどのように考えるでしょうか。長方形の面積の公式以外の知識、とくに「引きすぎに対応する」補助知識が足りないからだと考えるでしょうか。それとも、「応用力」や「思考力」が不足しているからだと考えるでしょうか。

当然ですが私は、それを、「引きすぎに対応する」補助知識が足りないからだと考えます。自分でその補助知識を見つけられた子どもを別にすれば、教えられていないのだから、できなくても当然です。

しかし、子どもたちは、このような応用問題が「できない」時、「教わっているはず」なのに「できない」と思いがちです。**応用問題を解くためには、そもそも補助知識が必要で、それが不足しているだけなのに、それを、「応用力」や「思考力」というような漠然とした能力が不足しているからだと考えてしまうのです。**

このような能力のなさが、できないことの理由だと考えてしまうと、先の苦手のところでも言ったように、子どもが、その分野や算数全体を苦手だと思うようになるのは当然の成り行きでしょう。しかも、不幸なことに、子どもが応用問題をできないときに、大人の多くも「応用力」や「思考力」がないからだと考えているように思えます。もしそうであれば、大人が子どもの苦手意識を助長していることにもなりかねません。

みなさんの中にも、応用問題が解けないことがきっかけで、算数や数学が苦手になったという人がいるのではないでしょうか？　そのときに、自分の応用力ではなく補助知識の不足と考えることができていたら、どうだったでしょうか？

3　できるのは「応用力」があるから？

「力」という言葉

さて、みなさんの中には、次のように思う人もいるかもしれません。「応用問題の解決に補助知識が関わっていることは理解できた。しかし、教えられなくても自分でできる子どもと、教えられなければできない子どもでは、やはり『応用力』の点で差があるのではないだろうか」と。

私自身は、「力」が付く言葉は論点を漠然とさせ、「わかった気にさせる」ので好きではありません。学力や能力といったように心理学の用語として定着している言葉は使いますが、「応用力」とか「思考力」とか「忍耐力」といった言葉は使わないようにしています。

「応用力」という一般的な能力があれば、それを多く持った人は、どの分野でも応用がよくできることになりませんか？　しかし、事実は必ずしもそうではありません。周りの人をよく観察してみてください。どんな人も、知識が多くあって得意な分野では応用がよくできるけれども、得意でない分野では応用があまりできないことに気づくはずです。

「思考力」や「忍耐力」も同じです。じっくり考えていい解決策を見つけられる分野と、考えればいい解決策が見つかるとすら思えない分野、また、よく我慢できる分野と、簡単に爆発して怒り出す分野が、同じ人の中に混在しているのが普通です。

このように、私たちのさまざまな精神活動の活発さが、それぞれの分野（領域）で異

なることを、認知心理学では「領域固有性《りょういきこゆうせい》」とよびます。

そうすると、このようなことに、「力」という一般的なものを想定するのは少しおかしいかな、という気がしてきます。「力」という言葉が使われていたら、少し疑ってみてください。そして、その「力」が何からできているか、何と関係しているか、という中身を具体的に考えるようにしてみてください。

生まれつきだと打つ手はない？

「力」一般の話はここまでにして、「教えられなくても自分でできる子どもと、教えられなければできない子どもでは、やはり『応用力』の点で差があるのではないか」という問題にもどりましょう。これは、応用に補助知識が関係していると認めても、その補助知識を思いつくのに、やはり「応用力」といった生まれつきの能力が関係しないのかと問うているのだと思います。

もちろん関係はするだろうと思います。人の顔が異なり、内臓の形にも個人差があるように、生まれつきの能力には違いがあって当然だと思います。
ただ、「生まれつきの能力が関係している」と言ったことで、何かが解決するでしょうか。生まれつきの「応用力」に違いがあるのだから、応用が「できる」人と「できない」人がいるのはしかたがないから放《ほう》っておこう。「できない」人に「あきらめろ」と言っているようにも思えるのですが、言い過ぎでしょうか。

この問題に対する私の考えは、次のようなものです。応用に補助知識が不可欠であることは、これまで見てきたとおりです。補助知識を獲得すれば「できる」ようになります。ですから、自分ひとりで補助知識を見《み》出《いだ》せないのであれば、勉強して、同じ補助知識を自分のものにすればいいのです。

自分がそれを自分のものにしたころには、「ひらめく」人は、もっと先に行っているかもしれません。そうしたら、また次のものを勉強すればいいのです。そうしているうちに、自分の補助知識も豊かになっていて、それらを使って自分も「ひらめく」ようになる可能性が大いにあります。あとでも書くように**知識は組織的に蓄積されると、思っ**

ている以上の効果を発揮するからです。

ですから、「できない」人は、応用できない理由を「思考力」や「応用力」のなさにするのでなく、自分に足りない「補助知識」を勉強することで、どんどん応用できるようになってきます、というのが私のここでの結論です。

別の補助知識

「補助知識」について、もう少し細かく考えていきましょう。一口に「補助知識」と言っても、**「補助知識」にも質の違いがあって、その質によって勉強の効果に差が出てきます。**

先ほどの小学四年生の面積の問題で考えてみましょう。

もう気づいていた人もいると思いますが、実は、問題(b)には、別の解き方もあります。花壇が道路で分断されているのですが、「右と左の花を植える部分をくっつけてしまう」のです。そうすると、道がなくなって、きれいな長方形ができあがります。横の長さが道幅だけ短くなった長方形です。こうすると花を植えられる面積を簡単に求めることができます。この場合は、「右と左の花を植える部分をくっつけてしまう」というのが応用のための補助知識です。

さて、(b)でこのような補助知識を勉強した人が(c)の問題を与えられると、どうやって解くでしょうか。おそらくは、右と左をくっつけ、上と下をくっつけるのではないでしょうか。そうすると、横と縦がそれぞれ道幅だけ短くなったきれいな長方形ができあがり、簡単に面積を求めることができます。

また、図1―3のような問題が与えられたらどうでしょうか？　(d)だと道を平行四辺形として求めて、それを引いて解決する方法もありますが、「くっつける」方が簡単です。また、(e)では、「くっつけ」ないと、小学四年生には解けませんが、「くっつけ」れば簡単に解けてしまいます。

(d)

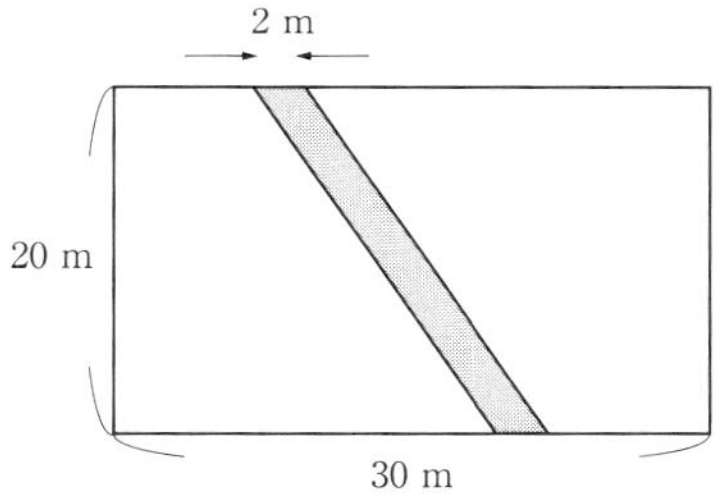

(e)

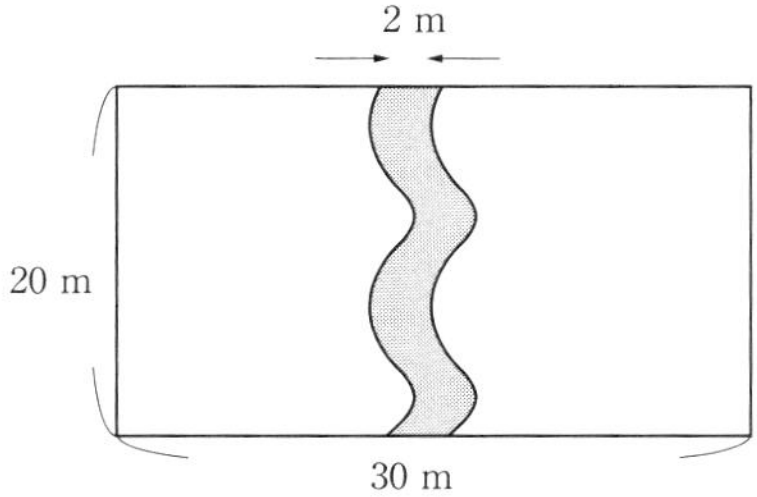

図 1—3 別の補助知識が必要な問題

外から見ると同じ

(c)(d)(e)の問題を「くっつける」方法で、ある人が楽々と解いているのを見たとすると、多くの人はおそらく、その人に「ひらめき」を感じるでしょう。しかし、その人は、ただ、(b)の問題を解くときに「くっつける」という補助知識を教わったのであって、自分でそれを見出したのでないとわかれば、その人に対する見方はかなり変わってくるでしょう。生まれつきの能力も関係あるかもしれないけれど、「補助知識」の質も関係しそうだというように。

どんな人でも、無から有を生じさせることはできません。これまでに身につけてきた知識が、一切関係ないということは考えられません。**外から見ると「生まれつきの能力でできる」ように見える人も、実は、私たちと少し違うスマートな補助知識を持っているだけ**ということだってあるでしょう。「知識」の質やその構造の影響が、思っている以上に大きいかもしれないと感じてもらえればと思います。

繰り返しになりますが、最後にもう一度「知識」の重要性について述べておきます。

「ひらめき」で、ある問題を解いた人がいたとしましょう。その人が自分で「発見した補助知識」を、他のできなかった人が勉強して使えるようになったとしましょう。そうすると、その二人はその問題に関しては、同じように「できる」状態になります。外から見ると、その二人に違いがあるようには見えないでしょう。その問題に関しては、「できる」ことに変わりはないからです。

そうだとすると、「知識」を勉強することが、いかに大切かわかってもらえると思います。「補助知識」を勉強することで応用問題は解けるのだと考えられるようになれば、できるようになるために打つ手があるということになるからです。

第二章　「得意」と「素質」

1　「得意」は「素質」の反映か？

「得意」と「素質」

さて、この章では「苦手」とは逆の「得意」について考えておきましょう。

誰《だれ》かが何かを「得意」だと言うとき、その人には「素質」があるからだ。努力もあるだろうけれど、やっぱり生まれながらの「素質」が大きく関係しているのではないか、と考えたことはありませんか？　そのように考えると、「得意」はその人の「素質」の反映だということになりますが、事実はそれほど簡単ではありません。

いま、ここに二人の人がいて、一人は記憶が得意で、教科書や書籍を数度読むと、かなりの程度記憶できてしまう人だとしましょう。もう一人は、記憶が不得意な人です。

この記憶を不得意とする人が、自分の不得意を自覚し、できるだけ記憶に頼らないように努力したとします。たとえば、記録をとり、それらを整理して残し、必要な時にうまく取り出せるように心がけたとしましょう。自分の記憶に頼らず、外的な補助手段を活用しているわけです。

また、記憶できないのは、事柄どうしの関連がきちんとついていないからで、事柄どうしに関連をつけることができれば、記憶は簡単にできると気がついたとします。ちなみに、この取り組み方は認知心理学で「精緻化《せいちか》」とよばれ、よく知られた方法です。「精緻化」については本章の二節で詳しく述べます。

この記憶を不得意とする人が、「精緻化」とよばれる取り組み方の結果として、整然と体系だった知識や記録を持ち、ものをよく知っている人だという評価を受けることはあり得ます。現にこのような傾向の強い人を、私は何人か知っています。

「素質」があればうまくいく?

他方、記憶が得意な人が、その記憶能力に自信を持って、記憶に頼りすぎた場合を考えてみます。ものをどこに置いても記憶できるので、さほど整理に気を使わなかったとします。情報も記憶できるので記録の努力をせず、事柄どうしの関係がきちんとついていなくてもかなりの程度記憶できてしまうので、ことさら体系立てようという取り組みもしなかったとしましょう。

ものや情報の量がそれほど大量でないときには、このようなやり方で処理できるでしょう。しかし、長年にわたれば、扱ったり保存しなければならない量は当然ながら膨大になってきます。老化などによって記憶が落ちてくることもあります。

そのため、このような対処の結果として、本人の記憶の素質は本来素晴らしかったにもかかわらず、長い目で見ると、得られた結果が望んだようなものではないということが起こりうるのです。

これらの例からわかるように、私たちの「得意」は、必ずしも、それに対応する「素質」の直接的な反映ではありません。**人は異なった素質を持って生まれてきますし、その素質の違いを否定はできませんが、それだけで、その人の現在できることや得意が定まるのでもない**のです。結果的には、逆になってしまうこともあります。もちろん、「素質」の重要性を否定するのではありません。記憶に強い人が「精緻化」などに気を使えば、鬼に金棒だろうと思います。

英語の学力の例

このように「素質」は「得意」に簡単には直結しません。また、「得意」もそのまま「得意」であり続けるのは難しいのです。

図2―1のグラフは、勉強に対する取り組み方によって、効果がいかに異なってくるのかを示したものです。古いものですが、分かりやすい具体的な調査結果ですので取り上げてみました。

これは九二名の生徒が、中学・高校の六年間を通じて一七回行われた英語学力検査で示した成績を分析したものです（芝祐順《しばすけより》「学習能力の型」波多野《はたの》他編『学習心理学ハンドブック』金子書房、一九六八）。

グラフに第1、第2「合成変量」とありますが、これらは検査結果をうまく説明するために因子分析《いんしぶんせき》とよばれる統計的な方法で導き出した要因と思ってください。通常は因子とよびます。

グラフを見ればわかるように、第1合成変量は、中学二年生ころの英語の学力と相関が高く、第2合成変量は、高校生の終りのころの学力と相関が高いのです。そして興味深いのは、二つの合成変量と学力の相関関係カーブは、途中でクロスして入れ替わっていることです。

このグラフが示しているのは、中学生のころの英語学力を支えているのは、主として第1合成変量ですが、高校後半ころの英語学力を支えているのは、入れ替わって第2合成変量が主であるということです。

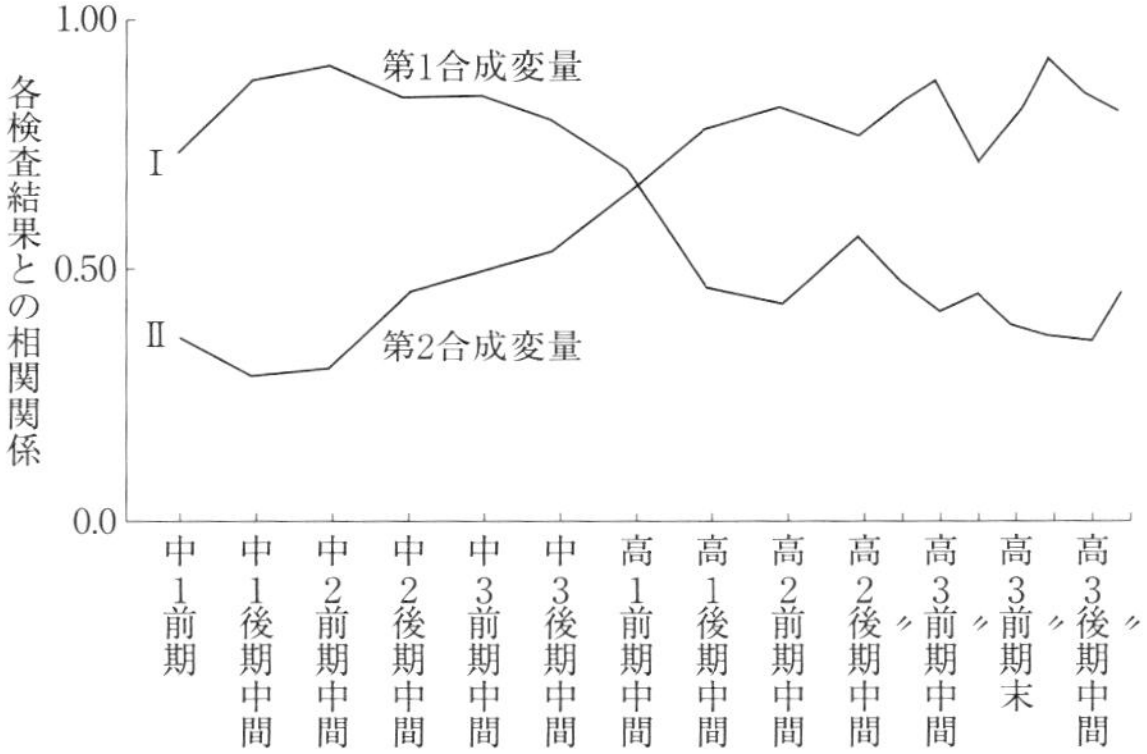

図2—1　2つの合成変量と、17回の検査結果との相関関係

「得意」の袋小路

この調査を行った著者は次のように述べています。

中学校二年次あたりの学力にみられる個人差と、高校二、三年次あたりにみられる学力の個人差とでは、それをもたらす能力の質に何らかの違いがあるのではないか、という仮説が示唆される。すなわち、中学一、二年次における英語学力を支えている能力としては、語彙《ごい》*の記憶、簡単な文法の記憶

語彙：言葉、単語というような意味。

と理解などが要求されるのに対し、高校二、三年次の英語学力には、このような記憶の要因に加えて、文章を理解する力、論理的な推理力などが、より強く反映されるのではないか、ということも考えられる。

つまり、**中学校の英語で好成績をあげていた取り組み方をそのまま頑固に続けていると、高校の後半では成績が上がらないこともありうるわけです。油断すると「得意」だと思っているうちに、袋小路に入ってしまうのです。**

このグラフを大学生に見せて説明したところ、「わかる気がする」とか「おぼえがある」とか「そういうことだったんだ」といった感想をもらいました。英語という教科の性質が、中学校と高校では変化するのでしょう。それに合わせて取り組み方を変えないと、「得意」だったものが「不得意」になりかねません。中学校までは素朴なやり方でできたとしても、そのやり方で、それ以降も効果的な学習が保証されるわけではないのです。

一般に子どものころの「得意」は、単純・素朴なものです。ですから、勉強法の「質的変化」がなければ、簡単に伸び悩んでしまいます。「得意」を維持するためには、周囲から刺激や指導を受けながら、本人が自覚的に、勉強法や取り組み方を変化させていかなければならないのです。

誰かが何かを「得意」だと言うとき、それが「素質」の反映なのだと単純に割り切れないということはわかってもらえたと思います。

2　関連をつける取り組み

機械的暗記は楽?

先に、記憶が不得意な人が、事柄どうしの関連をつけることで記憶しやすくしている。そのような取り組みは、認知心理学では「精緻化」とよばれていて、よく知られた方法であると書きました。この節では、その「精緻化」という取り組み方が、どのくらい有効なものであるかを、簡単な例で実感してもらおうと思います。

ブランスフォードたち（古田《ふるた》勝久《かつひさ》・古田久美子《くみこ》訳『頭の使い方がわかる本』、HBJ出版局、一九九〇）の中から適当にピックアップし、少し付け加えたものが、次の①から⑪の例文です。

上にはいろいろなタイプの男が登場し、下にはその男が取った行動が書いてあります。突然ですが、この一一個の例文を一回読んで記憶してみてください。

ただ、その時に各種の記憶技法は使わないでください。たとえば、場面をイメージして、男と行動の間に関連をつけたりといったことはしないでください。あまり張り切ることなく、ただ機械的に丸暗記をしてもらえると助かります。機械的暗記は楽ではないというのを示すのが、ここでの目的の半分ですから。

① 肥《ふと》った男が　　錠を買った
② 力の強い男が　　ペンキのハケを洗った

③　眠い男が　水差しを持っていた
④　背の高い男が　クラッカーを買った
⑤　貧しい男が　博物館に入った
⑥　背の低い男が　はさみを借りた
⑦　色の白い男が　サングラスを買った
⑧　歯の抜けた男が　コードを差し込んだ
⑨　目の見えない男が　袋を閉じた
⑩　親切な男が　牛乳ビンのフタを開けた
⑪　年とった男が　財布から金を出した

では次に、男の取った行動が書いてある下の部分を隠してください。そして、それぞれの男が何をしたのかを思い出してみてください。

いかがですか。それほど楽ではないと感じてもらえれば、この簡単なデモンストレーションの前半は成功です。

関連をつける説明

さて、次は一一個の例文についての説明を読んでください。ある特徴を持った男が、なぜそのような行動をしたかの説明です。

①肥った男が買った錠は、冷蔵庫にかけるためです。つい冷蔵庫を開けて食べてしまうので、食べ物を出すのにわざと手間がかかるように、錠を買ったのです。
②力が強い男は、ウエイトトレーニングに使うバーベルにペンキを塗り、その後始末でハケを洗っていたのです。
③眠い男は、眠気覚ましにコーヒーを飲もうと考えました。そして、コーヒーメーカーに水を入れようとして、水差しを持っていたのです。
④背の高い男は、クラッカーを買ったのですが、そのクラッカーは、一番高い棚の上

に置いてあって、背の高い人でないとなかなか手が届きにくい状態でした。
⑤貧しい男というのは、じつはホームレスの人です。吹雪《ふぶき》になったので、凍死をおそれて博物館に入ったのです。
⑥背の低い男が、はさみを借りたのは、長すぎるズボンを短く切るためでした。
⑦色の白い男は、日光浴をして日焼けをしたいと考えました。日光浴の時にまぶしいといけないのでサングラスを買ったのです。
⑧歯の抜けた男は、食べ物がうまく嚙《か》めませんでした。それで、ミキサーで食物を粉砕すればよいと考えました。彼が差し込んだコードはミキサーのコードなのです。
⑨目の見えない男は、盲導犬を連れていました。そして、盲導犬にドッグフードをやって、そのドッグフードの袋を閉じたのです。
⑩親切な男は、お腹《なか》の空いている子どものために牛乳ビンのフタを開けてやりました。
⑪年とった男が、財布から金を出したのは、老眼鏡を買うためでした。

説明を読み終わったら、一一個の例文が並んでいたページに戻ってください。そして、機械的に丸暗記した時と同じように下の部分を隠して、その男が何をしたのかを思い出してください。

いかがでしょうか。先の機械的な丸暗記に比べて、驚くほど楽に思い出せるのではないでしょうか。そうなっていれば、この簡単なデモンストレーションにおける後半の目的も達成されたことになります。

既存知識の働き

ところで、なぜ機械的暗記はきつく、説明があると楽になるのでしょう。

説明のない例文は、ある男とその男の行動との間には、何の関連もないように見えます。それに対して、説明があると、男と行動との間に多少なりとも関連がつくようになってきます。関連がつくから楽になると言えるでしょう。

それはそれで正しいのですが、もう少し認知心理学的に細かく考えておきましょう。

実は、関連をつけるという作業には、私たちがすでに持っている知識（これを「既存知識」とよびます）が関係しています。気づかなかったかもしれませんが、この簡単なデモンストレーションでも、**私たちは無意識のうちに既存知識を働かせて、関連をつけているのです。**

たとえば、「コーヒーメーカーに水を入れようとしていた」という説明によって、「眠い男」と「水差しを持っていた」との間に関連をつけることができたのですが、その間に関連をつけることができたのは、私たちがすでに「コーヒーに眠気覚ましの効果がある」という知識を持っていたからです、その知識によって、「眠い男」と「コーヒーを飲もうとする」ことの間に関連をつけ、また、「コーヒーメーカーはコーヒー粉と水を入れて使用する」という知識によって、「水差しを持っていたこと」との間に関連をつけたからこそ、例文の「眠い男」と「水差しを持っていた」の間にも関連がつくのです。

もし「コーヒーに眠気覚ましの効果がある」や「コーヒーメーカーはコーヒー粉と水を入れて使う」という知識が、私たちになかったとしてみてください。そのときには、例文に関して説明があったとしても、関連はつけられず、やはり機械的暗記になってしまうのです。

関連をつける勉強法

勉強の対象が私たちの既存知識をうまく使えるようなものであれば、勉強は楽にできます。逆に、既存知識が有効に使えないようなものであると、勉強はきついのです。既存知識は多くの場合、知らず知らず使っていて意識されることは少ないのですが、効果的な勉強法を考える場合には、はっきり意識しておかなければならないものです。そのうちでも重要な二つについて述べておきます。

(1)**私たちがよく学習できるかどうかは、既存知識が使えて手が届く範囲に、勉強の対象があるかどうかによって決まります。**既存知識が豊富な分野の勉強が、ほとんど自動的に次々と進むのはこのためです。既存知識が豊富だと手が届く範囲が広くなるため、新たな情報が容易に多量に取り込めます。そして、新たに取り込んだ情報も加えたより豊かな既存知識が、もっと先にまで次の手を届かせるようになります。

いま、手が届く範囲にない勉強対象に対しては、次のような方法が有効です。その対象に一度で到達することを目指さず、そこから目標に手が届きそうだと考えられる手前の地点を、当面の勉強の対象にするのです。そして、その地点に達したあと、そこまでに得た知識を総動員して最終ゴールを目指すのです。

(2)「男」と「行動」の例文でも言えるのですが、記憶が楽にできた「説明のある例文」は、「男」と「行動」しか書いていない例文より長くなっています。つまり、長くなった分、記憶すべき対象の量は増えているはずなのに、記憶は楽でした。それは、既存知識を働かせることができたからです。**勉強法を考える時、量は気にしなくていいと言っても言い過ぎではありません。量にこだわるよりも、既存知識が使えるかどうか、自分なりに関連がつくかということが大切なのです。**量が少なければ、それだけで勉強は楽と思っている人が多いのですが、それは間違いです。

教科書や箇条書きにまとめてある薄い参考書による勉強は、一見楽そうに見えますが、関連をつけることができなければ、結局は丸暗記をしなければならないということになります。丸暗記は記憶するのも大変ですが、記憶したことを保っておくことも難しいのです。

多量の情報を入れると、頭がパンクするという心配をする人がいるかもしれません。関連のない情報を多量に入れると、確かに頭はパンクします。しかし、関連のある知識に関しては、いくらでも入るのではと思われるところもあります。いわゆる、専門家や碩学《せきがく》＊とよばれる人たちの体系立った膨大な知識の量を考えてみるまでもなく、身近な人でも、何か一つのことに関しては膨大な知識を持っているという例は結構あるのではないでしょうか。多量だとパンクするというような心配が無用であることは、納得してもらえると思います。

3 「能力」と「素質」

隠れた能力がある？

本章は、「得意」は「素質」の単純な反映ではないという話から始まり、次に関連をつける勉強法の効果と特徴を見てきました。「素質」がそれほどでなくても、取り組み方しだいで、「得意」にすることができると、みなさんに思ってもらうためでした。

すでにみなさんは、「得意」「不得意」は、「素質」がそのまま現れたものではないと、かなりの程度わかってくれていると思います。ここでは、それを「もうひと押し」しておきましょう。

さて、みなさんは、いま思春期のまっただ中にいると思います。思春期というのは、もちろん子どもではありませんが、だからと言って十分に大人でもないという時期です。この時期の大きな特徴の一つは、自分や自分の「能力」について過敏なくらい意識す

碩学：学問の広く深い人。

るということです。

ある時には、やたらと自分に何かができそうだと思うかもしれません。しかし、「しくじり」をしたと思うと、それがささいなことでも、もう自分が小さく見えてしかたがなかったりします。自分への評価がめまぐるしく、しかも大きく変わるのです。

また、人は自分がダメとは思いたくありませんから、まだ見つかってはいないけれど、自分には何かしらの「能力」が備わっているのではないかと思ったりします。そして、「能力」があれば、努力をしなくても一足飛びに何かができるようになるのではと夢想したりもするのです。

さらには、自分に「能力」があるのだという思いを大切にするあまり、現実の問題にぶつかるのを避けたりすることもあります。能力がないと証明されるのを恐れるからです。

高校の教科書にのっていますから、中島敦《なかじまあつし》の『山月記《さんげつき》』を読んだ人は少なくないと思います。自分に能力がないと知りたくないばかりに、他の人との交渉を極端に避け、自分へのプライドだけをむやみに大きくさせていった詩人が、「虎《とら》」になってしまうという切ない話です。

みなさんが心理テストや性格テストなどを好むのは、自分にはどこかに隠れた「能力」があるのではと考えるからではないかと思われます。思春期には、このように良きにつけ悪《あ》しきにつけ「能力」が過敏にまで意識されるのが普通です。

そもそも能力とは?

「得意」「不得意」に加えて「能力」を持ち出したのは、**思春期の人たちが「能力」という言葉に、振り回されているように思えるからです。**これを心理学の立場から、少し整理しておきましょう。

まず、「能力」という単語を辞書で引いてみましょう。すると、「物事をなし得る力。はたらき」「物事を成し遂げることのできる力」といった説明が出てきます。

それに対して、「素質」はどうでしょうか。辞書には、「個人が生まれつき持っていて、性格や能力などのもととなる心的傾向」「生まれつきもっている性質」「将来すぐれた能力が発揮されるもととなる性質」といった説明がされています。

「素質」が生まれながらのものを指しているというのは、はっきりしていますが、「能力」の「物事をなし得る力。はたらき」というのは、生まれつきのものを指すのか、後天的なものを指すのか、はっきりしません。

そこで、辞書に頼らず、次のように素朴に考えてみましょう。

生まれつきの「素質」だけで、人は「物事をなし得る」でしょうか。何も勉強せずに、たとえば橋が設計できるでしょうか。「構造力学」といった知識群を獲得しなければ、橋の設計を「なし得る」能力は得られません。ですから、「能力」すなわち「物事をなし得る力」は、生まれながらの「素質」と後天的な「勉強」の二つから成り立っているのではないでしょうか。

単純化すれば、「能力」は、次のように表すことができます。

「能力」＝「素質」×「勉強」

この式の意味の一つは、「能力」が「素質」と「勉強」の二つから成り立っているということです。そして、もう一つは、かけ算であるということです。どちらかがゼロに近いと、結果としての「能力」すなわち「物事をなし得る力」は、ゼロに近くなることを示しています。

「素質」があっても、その分野の「勉強」をしなければ、「能力」にはならないのです。そして、**いくら「素質」があっても「勉強」しなければ「能力」にはならないのですから、「勉強」には時間がかかる分、「能力」が一朝一夕にできるものではない**こともわかってもらえると思います。ですから、自分にはどこかに隠れた「能力」があるのではと考えて、毎日、何もしないでぶらぶら過ごすというのは、実にもったいないことなのです。

同じようなことですが、**何かの「素質」が自分にはあるのだと思い続け、それを見つけようと躍起になるのも、あまりいい方法ではありません。**なぜなら、生まれながらの「素質」は、直接見ることができないものだからです。私たちが見ることができるのは、「勉強」した結果としての「能力」だけなのです。

ですから、**自分に「素質」があるかないかは、ある程度その分野のことをやってみないとわからない**ということになります。「素質」は直接見つけられるものではなく、いろいろ試し勉強しているなかで、発見されていくものと考えた方がいいと思います。

ハードとソフトの関係

わかりやすくするために、コンピューターの「ハード」「ソフト」という考え方を使って、「能力」と「素質」についてもう一度考えておきましょう。

ハードは hardware の略で、機材そのものを意味しています。それぞれのハードには、処理速度、記憶容量といった点で違いがあります。これをコンピューターそのもののことで、コンピューターに搭載するプログラム「素質」と考えてください。

一方、ソフトはsoftwareの略です。本来は、コンピューターに搭載するプログラムのことで、コンピューターの動きを指示する命令の集まりです。しかし、近頃《ちかごろ》ではもっと広い意味で使いますから、コンピューターで処理するデータなども、ソフトに含めてよいかもしれません。コンテンツ（内容）もソフトとよばれることがあります。

今でこそ市販のアプリケーションソフトを使用するのが普通ですが、パソコンの普及し始めた一九八〇年前後は、ユーザー自身がBASICなどのパソコン用の言語でプログラミングをしていました。できの悪いプログラムは、当時の貧弱なハードの制限にすぐ引っかかってしまいましたし、たとえ動いたとしても我慢できないくらい時間がかかりました。

そんなときでも、データをスマートに処理できる出来のよいプログラムは、貧弱なハードを補ってあまりあるくらいの仕事をしてくれたものです。このソフト（プログラムやデータ）を「勉強法」や「知識」と考えましょう。

そして、コンピューターのできる仕事の量と質を「能力」と考えてください。この「能力」は「ハード」と「ソフト」の総合で決まるものです。「ハード」だけ、「ソフト」だけでは何もできません。この二つをかけ合わせたものが、コンピューターのできる仕事を決めるのです。

いかにハードが優れていても、ソフトが劣悪であれば、コンピューター全体としての働きに多くは期待できません。逆に、ハードがさほどの性能ではなくても、ソフトが優秀であれば、全体としてのコンピューターの働きは十分なものになり得るのです。

私たちの「能力」「得意」「不得意」は、「素質」（ハード）の単純な反映ではありません。「ハード」に、どのような「ソフト」（勉強法や知識）をのせたかで決まる総合的なものなのです。

能力とか素質とかにこだわらなくなったら、思春期から大人への道をふみ出したと言ってもいいのではないかと思います。

年をとり、ある程度実績を積み重ねていれば、自分に素質があるかないかは気にならなくなってきます。なぜなら、自分とは実績の軌跡《きせき》、つまり、やれたことの全部が自分であって、自分はそれ以上でも以下でもないと思えるようになってくるからです。

絶えず自分の「素質」に限界を感じながらも、ずっと努力を続けてきたからこそできた実績に、ささやかなプライドを持っているというのが健全な大人の典型的な姿ではないかと私は思っています。

しかし、一般的に言って、思春期では「実績」がなく、自分というものを具体的な事実をあげて示すことが難しいため安定感がありません。ささいなことで優越感を持ったり、落ち込んだりするのはそのためです。そのときに、現実を無視して、自分には隠れた素質があるとばかり考えることも、逆に、少しばかり現実に困難を感じているからといって、自分には全く素質がないと考えることも、ともに危険です。どちらも着実な努力の障害になるからです。

あなたの周りにいる同年齢のほとんどの人は、自分や自分の能力とか素質とかに対して過敏になっていて、大きく揺れているだろうと思います。他人が気になってしかたがなかったり、他人がどう思っているかが気になってしかたがなかったり、他人と比較ばかりしているという人が多いと思います。

ところが、少数ですが、同年齢なのに、ときおり落ち着いた人を見ることがあります。他人の評価によって簡単には左右されないで、淡々と努力できている人です。

そういう人をよく観察してみてください。先に健全な大人の特徴として述べたのですが、自分の素質には限界を感じながらも、自分としてはよくやってきた、こんなことができるようになったと、ささやかに自分のやれてきたことにプライドを持っている人だろうと思います。**自分を自分以上にでも自分以下にでもなく、そこそこ正当に評価できれば、人は淡々と努力を重ねることができるものなのです。**

みなさんに、「能力」と「素質」をきちんと区別してほしいというのが、私の願いです。そして、「素質」にこだわりすぎることなく、「能力」の向上を図ってほしいと思うのです。そのためには、ソフト（勉強法や知識）が大切です。次章からは、勉強法や知識について具体的に見ていきましょう。

第三章　公式はやたらにおぼえない——勉強のコツ①

1　公式はやたらにおぼえない

役に立ち方の違い

「学校で習った知識は、社会で役に立たない」と言う人は少なくありません。しかし、ほんとうにそうなのでしょうか。ここでは、平行四辺形や台形などの図形の面積の公式を例に考えてみましょう。

みなさんは、小学校でこれらの公式を習ったあと、試験などで用いることはあっても、社会生活一般の中でこれらの公式を使ったことのある人は少ないでしょう。これから面積を知りたいと思っている自然の中のものが、あらかじめ対辺が平行だとわかっているなどということは、まずあり得ませんし、また、人工的な構造物は長方形で構成されていることが圧倒的に多く、平行四辺形や台形の公式の出る幕はほとんどありませんから、それは当たり前のことです。

では、「学校で習った知識は、社会で役に立たない」のかというと、それは違います。人工的な構造物は、長方形で構成されていることが多いのですから、壁面や床の面積などに関して、長方形の公式を使用する場面はやたらとあります。また、自然の地形といったものを測るには、それらを三角形に分割して、それぞれの面積の和で求めることが普通です。

以上のことから言えるのは、学校で習う知識には長方形や三角形の公式のように比較的「役に立つ」ものと、平行四辺形や台形の公式のように比較的「役に立たない」ものがある、という実に単純な事実です。

このことは、なにも学校で習う知識に限ったことではありません。**知識には「広く使えて役に立つ」ものと、そうでないものとがある**のです。

平行四辺形や台形の公式はいらない

長方形と三角形、平行四辺形と台形の公式を比べてみると、それぞれの知識によって役に立つ程度が異なることがわかります。

それに、図3―1に示すように、平行四辺形や台形を二つの三角形に分割すれば、三角形の公式でそれらの面積は求められるのです。ですから、平行四辺形や台形の公式がなくても、全く困りません。三角形の公式で十分にカバーできます。

平行四辺形　$\frac{1}{2}ah+\frac{1}{2}ah = ah$

台形　$\frac{1}{2}ah+\frac{1}{2}bh = \frac{1}{2}(a+b)h$

また、よく知られたように、図3―2(a)のような変形を行えば、平行四辺形の面積は、

(平行四辺形)

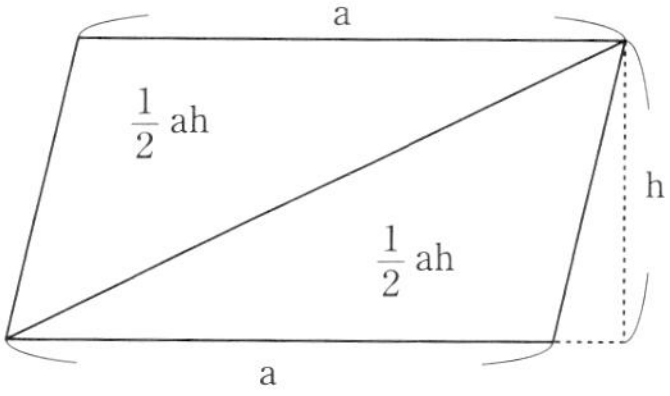

$$\frac{1}{2}ah + \frac{1}{2}ah = ah$$

(台形)

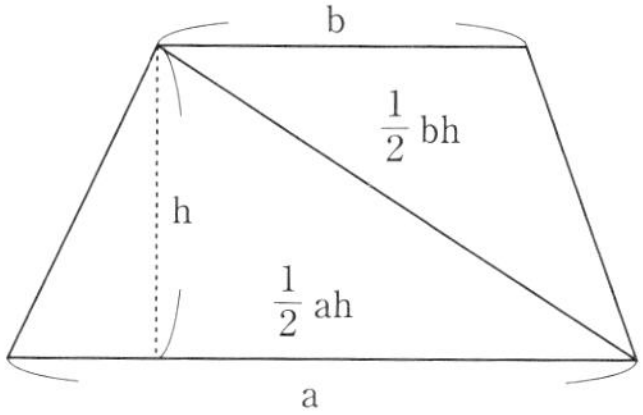

$$\frac{1}{2}ah + \frac{1}{2}bh = \frac{1}{2}(a+b)h$$

図 3—1　三角形の公式で面積を求める

長方形の公式でも簡単に求めることができます。

台形も図3―2(b)のように考えれば、長方形に直すことができます。ですから、平行四辺形や台形の公式がなくても、三角形の公式と同様に、長方形の公式で十分にカバーできるのです。

三角形や長方形の公式の知識を持っていて、平行四辺形や台形にそれを適切に（ここに前章の応用で出てきた補助知識が関《かか》わっているのはわかりますね）当てはめることができるようにしておけば、無理をして余分な公式を暗記する必要はないのです。このように勉強し、このように知識群を構成しておけば、記憶に負担がかからなくてすみます。

三角形の面積にも長方形の公式が使える

もう少し言えば、三角形も図3―3(a)(b)(c)のような変形を行えば、長方形の公式で簡単に面積を求めることができます。

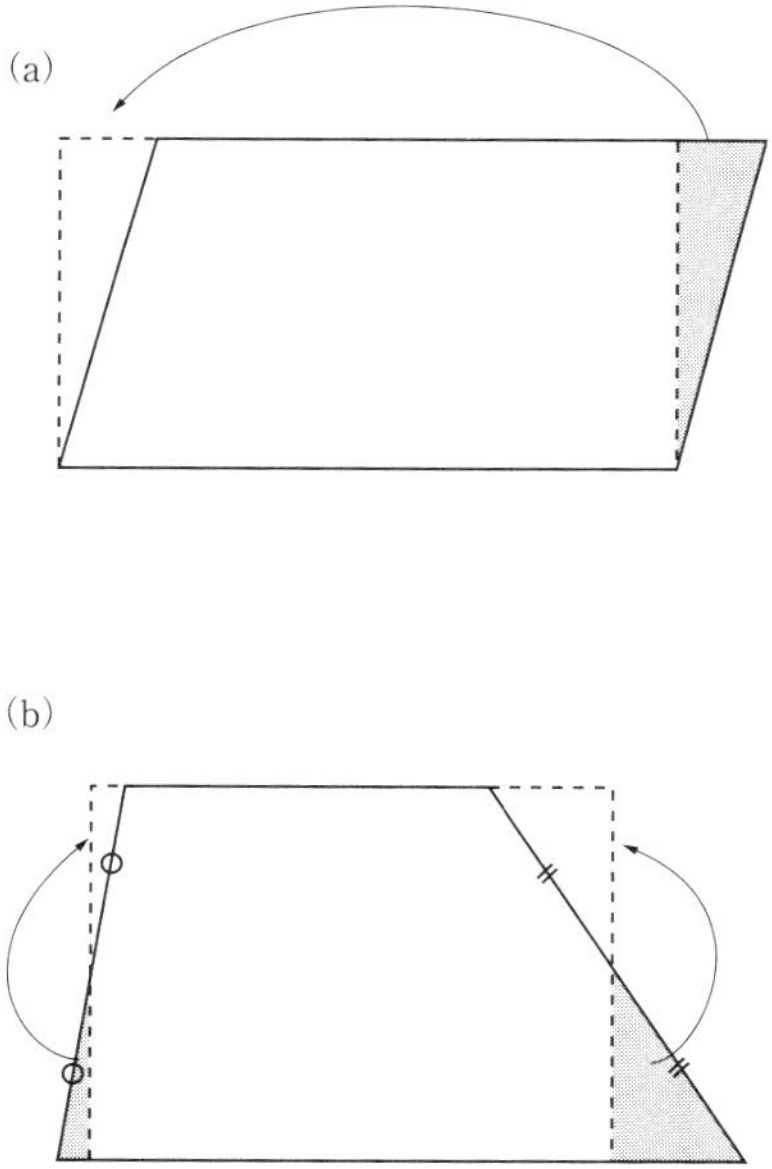

図 3—2　長方形の公式で面積を求める

ちなみに図3―4(a)のように、頂点から下ろした垂線の足が底辺からはみ出した場合には、図3―3のような変形はできません。そこで少々工夫が必要になります。

まず、図3―4(b)のように長方形を作ります。

⊿EBCが面積を求めたい三角形です。この三角形は、大きな三角形から小さな三角形を引いたもので表すことができます。

⊿EBC＝⊿EBD－⊿ECD

そして、この式の右辺の二つの三角形は、それぞれ長方形ABDEと長方形FCDEの$\frac{1}{2}$になっているのはおわかりでしょうか。

長方形ABCF＝長方形ABDE－長方形FCDE

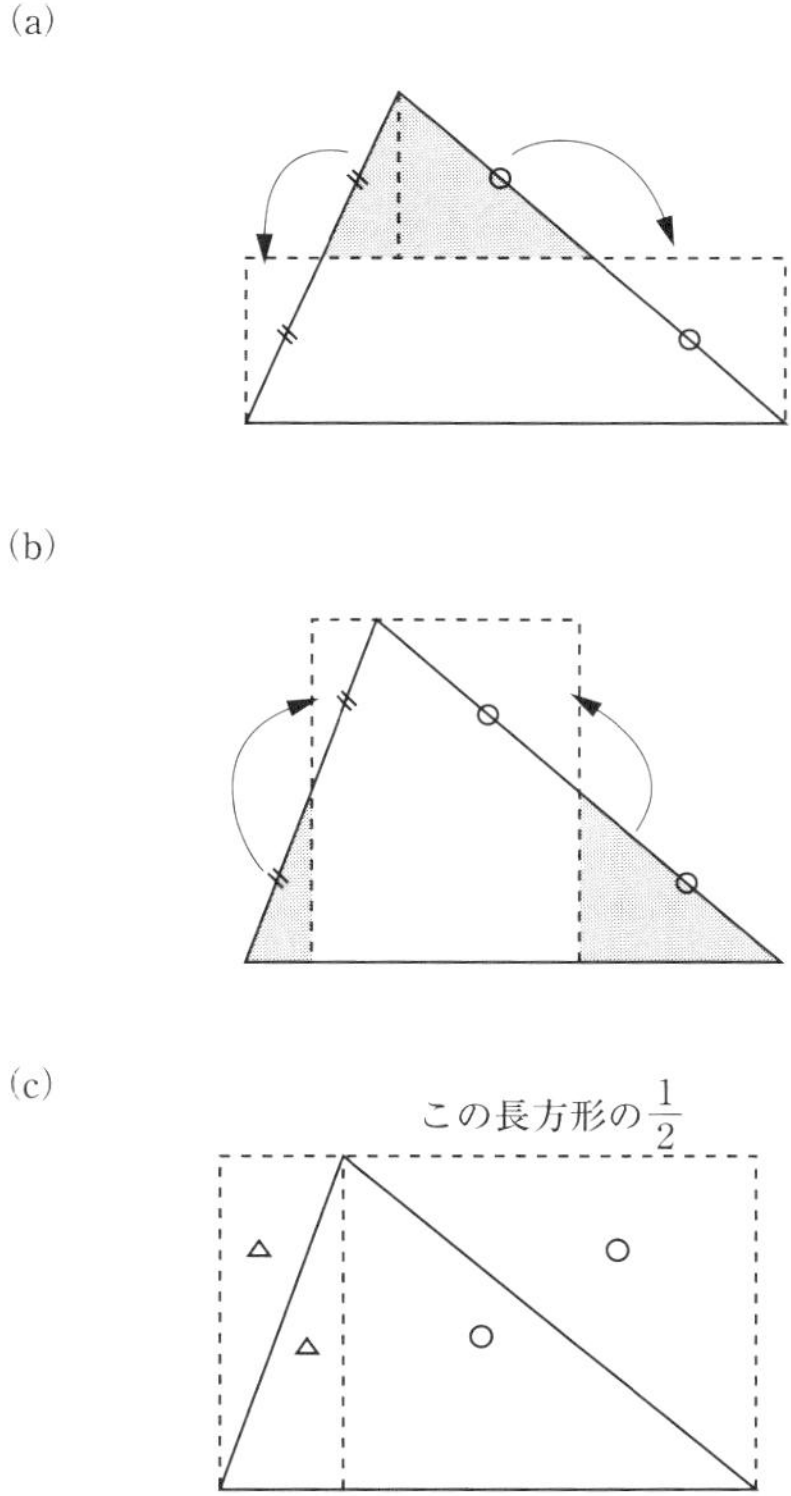

図 3—3　三角形も長方形の公式で面積を求められる

したがって、求める三角形の面積は、長方形ABCFの$\frac{1}{2}$になり、この場合も$\frac{1}{2}ah$という公式でいいということになります。

このように、三角形の場合で言えば、図3―3のようなものを、図3―4(a)のように水平方向にいくら引き延ばしても、「高さ」が変わらなければ、三角形の面積は変わらないというのが、等積*変形という操作です。長方形ABDEがいくら大きくなっても、長方形FCDEも大きくなるので、その差は常に長方形ABCFになり、したがってその半分の三角形の面積も変わらないということなのです。

長方形の面積がすべての基本

これまで述べてきたことをまとめると、面積の公式にはいろいろあるけれども、結局

等積：等しい面積ということ。

(a)

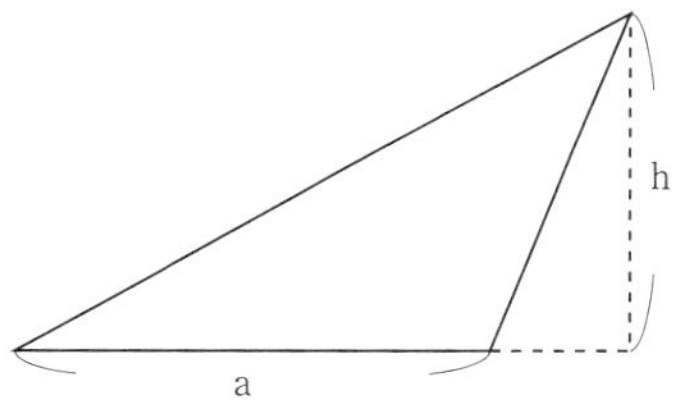

(b)

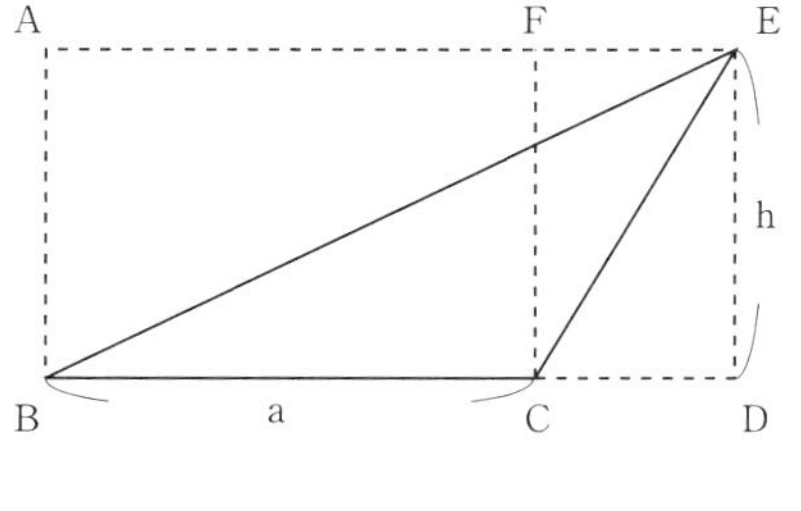

図3—4　高さが底辺からはみ出す三角形の面積

は長方形の面積を求める公式が基本ということになります。

考えてみると、これは当然のことなのです。いろいろな図形の面積の公式には、その中にかけ算が含まれています。そして、実は、**面積がかけ算で計算できるのは長方形の時だけなのです。**平行四辺形の公式を考えてみてください。（底辺）×（高さ）で、直接に平行四辺形の面積を出しているのではありません。平行四辺形と等積の長方形の面積を求めて、それを平行四辺形の面積としているだけなのです。

面積とは「閉じた図形の中の広さ」ということです。そして、「面積の大きさ」は、その中に敷き詰めることができる単位面積（たとえば一平方センチメートル）の正方形の数で決まります。たとえば図3―5のように、正方形が縦に三個ならび、それが四列あれば一二平方センチメートルということなのです。

このように、「正方形の単位面積」を隙間《すきま》なく敷き詰められるのは、長方形に限られます。ですから、**いろいろな面積の公式が結局は、等積の長方形の面積を求めているこ**

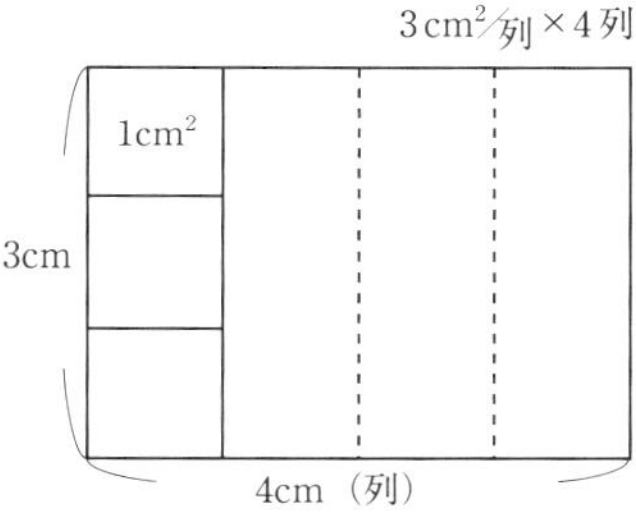

図3―5　長方形の面積がかけ算で求まる理由

となるのです。

みなさんの多くは、面積の公式を数多くおぼえ、それを問題に適用して解答するという、いわば公式中心の勉強をしているでしょうから、「長方形の面積の公式だけおぼえればいい」と言われると、違和感をおぼえるかもしれません。

しかし、実際には「おぼえる公式はなるべく少ない」方がいい勉強法なのです。

できる学生は公式を暗記していない

以前、私の研究室で、教員養成学部の一年生一四五名に数学の調査を行いました。調査の内容は高校で勉強するものですが、加法定理*を中心にした三角関数*に関する

正接の加法定理⇦正弦と余弦の加法定理⇨積の公式⇨和の公式

⬂　⬃

倍角の公式

⇩

半角の公式

図3—6　三角関数に関する公式の構造

応用問題でした。その結果をもとに、「比較的できる学生」と「少なくとも加法定理は記憶しているが、成績のあまりよくない学生」（加法定理の問題すらできないといった全くできない人ではありません）、それぞれ四名を選んで、それぞれの学生の勉強のしかたについて、細かい面接調査を行いました。

すると、「できる学生」と「できない学生」の違いで、最もはっきりしており、重要と思えたことは、三角関数の公式群に関する暗記とその公式の導き方でした。

三角関数に関する公式群は、図3―6のような構造を持っています。矢印の方向に向かって、もとの公式から次の公式を導くことが可能です。つまり、正弦と余弦の加法定理が最も基本にあって、他の公式は、それらの公式から矢印の向きにしたがって導き出すことが可能なのです。

「できる学生」が暗記しているのは、基本的な加法定理のみ、またはせいぜいが倍角公式までです。そしてそれらの公式を使って、周辺の他の公式を導き出すことができるような勉強のしかたをしています。ですから、きちんと応用問題にも対応できる学力を持っているのです。

公式の丸暗記は長持ちしない

それに対して、「できない学生」は、最初の勉強の時から周辺の公式群をふくめて丸暗記し、それらをそのまま使ってテスト問題を解いていたので、高校で習った時はでき

加法定理：この場合は、二つの角度を加えたときの三角関数が、もとの二つの三角関数でどのように表されるかということ。

三角関数：直角三角形の直角でない角の一つの大きさが決まると、三角形のうちのどれか二辺の長さの比も決まるということをもとにしている数学。

ていたけれども、調査を受けた大学一年後期の段階では、それらの公式を思い出すことができず、問題が解けないと言うのです。そんな学生たちも、最も基本的な加法定理は思い出すことができます（これはそのような学生を選んでいるのですから当たり前です）が、そこから周辺の公式群を導き出すことができないのです。大変簡単な倍角の公式を導き出すことすら、わずかに一人が、その一部分のみできただけでした。

先の「できる学生」のところで見たように、中心となる公式を基本にすえ、そこから周辺の公式を導き出すという勉強のしかただと、記憶の負担が少ないため、記憶が長く保てます。そのうえ、周辺の公式を導き出す時に使う基本の公式の変形のしかたが、その分野の式の変形の標準的なものであることもあって、周辺の公式を導き出すことが可能な学生は、応用も楽々とできます。

ところで、この大学段階の調査で「できない学生」は、それを最初に学んだ時から全くできなかったわけではありません。高校で習った時には、その人たちはできたのです。この人たちは、「大学になってもできる学生」たちと「高校で習った時にもできなかった学生」たちとの中間の学生と言うことができると思います。おそらくこの人たちは、習った当時には「できる生徒」と見なされただろうと思います。そして、本人たち自身もそう思っていることも少なくありません。しかし、勉強法によるその後の違いは大きく、**公式群を丸暗記した人たちは記憶の負担が大きいため、長持ちするような学力が身につかなかったのです。**

ですから、みなさんは、最初に勉強する時には少し面倒かもしれませんが、公式間に関連をつけて、後々まで「できる」ような方法を選んでください。公式を数多くおぼえて、それでテストを解き、そしてすぐ忘れてしまうような勉強法は、その時は少しくらい簡単に思えてもしないようにしてください。

だからと言って私は、いつでも何を学ぶ時でも、前者の方法がいいと言う気はありません。後々使わないことや、その場しのぎで済ませてしまった方がよいこともないとは思いません。しかし、長期にわたる勉強に関しては、圧倒的に前者の方法が有利だと考えています。

2　わかり方は使え方

「割り算」は「分ける」ことではない

さて、次は「同じことに関する知識」でも、その理解のしかたによって「使え方」が異なってしまうということについて考えてみましょう。こんなふうに言うと、変に聞こえるかもしれません。同じ知識であれば、同じように使えるに決まっているではないか、と言いたくなると思います。

ややこしくなるといけないので、さっそく「割り算」を例にとって説明しましょう。

二〇個のクッキーを五人に等しく分けたい。

このような状況に出会ったとき、割り算を使いますね。では、割り算とは、そもそも

「何をしている」ことなのでしょう。大学生などに聞いてみても、圧倒的多くの人は、割り算というのは「分ける」ことだと答えます。みなさんもそう思っているかもしれません。

しかし、**割り算というのは、「分ける」ことではありません。** 20÷5の答えの4個は、一人あたりのクッキーの数です。**割り算というのは、「分けるという操作」を通して「1あたりの量」（この場合には一人あたりのクッキーの数）を求めるという計算なのです。**

なんだ、そんなことか、大した違いじゃないと思われるかもしれません。確かに、次のような場合にも、それほどの違いを感じないかもしれません。

12kgで4mの金属棒があります。

このとき、12÷4という式を立てたとするならば、そこでやっていることは、12kgを4つに「分けて」その結果を求めているとも、「1mあたり」の重さを求めているとも考えられるでしょう。

小数で割る

では、次の式を見てください。

16÷0.4

この式は、「分ける」という考えではまず理解できないでしょう。小数の0.4で分けるということが、具体的に考えられないからです。

でも、割り算とは「1あたり量を求める」計算なのだという考えからするとどうなるでしょうか。たとえば、右の式が、次の状況に当てはめられた割り算だとしてみてください。

長さ0.4mの金属棒があります。重さは16kgです。

そうすると、16÷0.4の答えである40kgは、金属棒1mあたりの重さになることがわかりますね？　**つまり、割り算は割る数が自然数であれ小数であれ、「1あたり量」が得られる計算なのです。**

利率の考え方

割り算を「分ける」と理解しているのと、「1あたり量を求める」計算なのだと理解しているのでは、「使え方」が違ってしまうのがわかりますね。後者の理解の方が、小数や分数などを含めて広い範囲に使えるのです。

念のために、もう一つ例をあげます。次の式を見てください。

利息÷利率＝元金

元金に利率をかけると利息が出るというのはわかると思います。また、利率は利息を元金で割ったものだというのは、利率の定義みたいなものですから、これもわかるでしょう。

しかし、右の式の、利息を利率で割ると元金が出るというのは、どうもすっきりしない、落ち着きが悪い、というのがおおかたの人の感じだろうと思います。もちろん、式の変形としてこうなるというのはわかるとしても、利息を利率で割ったら、なぜ元金が出るのかということは、具体的に実感がわかないのではないでしょうか。

そこで、割り算は「1あたり量を求める」計算であることを思い出して、そこから考えてみましょう。

この考えでいくと、1万円の利息を、1%すなわち0・01で割ったら、1あたり量が出ることになります。つまり、利率が1すなわち100%のときの利息100万円が求まります。そして、この利息は利率が1なのですから、元金と同じになりますね?

すなわち、100万円が元金ということになります。

いかがでしょうか。このように考えればずいぶんすっきりしませんか？　このように、割り算の中身をどう考えるかによって、使える範囲が違ってきてしまうのです。

打率の考え方

同様の例を見てみましょう。応用問題だと思って考えてみてください。

ヒットの数を打数で割ると、打率が出ます。これは打率の定義みたいなものですから、納得できると思います。しかし、次の式はどうでしょうか？　先ほどの利息÷利率で元金が求まるのと同様に、すっきりしないのではないでしょうか。

ヒット数÷打率＝打数

そこで、ここでも割り算は「1あたり量を求める」計算なのだ、ということで考えてみてください。

いかがでしょうか？

「ヒット数÷打率」の式で求められるのは、打率が10割のときのヒットの数になります。それは、犠打や四死球を除いた打席（これが打数です）のすべてでヒットを打ったと考えたときのヒット数です。したがって、この式で打数が求まることになるのです。

このように、割り算をどう理解しているかで使える範囲が異なってきます。「1あたり量」を求めているときちんと理解していれば、使用可能範囲、応用範囲が広くなるのがわかってもらえるかと思います。

ここまで割り算について述べてきました。**ここで大切なのは、いろいろな割り算があると考えるのか、それともしっかりした割り算の理解をして、それを広範囲に使うのかの違いです。私は、当然、広く使える理解をする方が、知識群の整理のためにも、記憶**

に負担がかからないことからも、断然有利だと考えています。

これは、先に述べた面積の公式の場合と、基本的に同じです。それぞれの図形に対して公式があると考えるか、全部に通用する長方形の公式を、それと意識して持っているかの違いなのです。

3 知識はつながり

かけ算の項の順序

「1あたり量」を求めるのが割り算であることは、前節で見たとおりです。次の問題は、みなさんもうわかりますね。

12kgで4mの金属棒があります。1mあたりの重さはいくらですか。

単位をつけて、この問題を解く式を書くと、次のようになります。

12 kg÷4 m＝3 kg/m

ところで、割り算はかけ算の逆の計算です。では、かけ算とは、どのような計算だと考えられるでしょうか。素朴な回答としては「何倍かする」というものでしょう。ここでは、それ以上の理解のしかたがあるかを考えてみることにします。

まず、右の式を変形してかけ算になるようにしてみましょう。かけ算になる変形は次の二つの形のみです。

3 kg/m×4 m＝12 kg　（a）

4 m×3 kg/m＝12 kg　（b）

この二つの式は、3kg／mと4mとが入れ替わっただけのものです。そこで、かけ算の計算とは第一項に対して、第二項をかけることなのだと考えてみましょう。

そう考えると、（a）では、「1mあたり3kgの棒があったとき、その4m分はいくらになるだろうか。12kgになる」というように、第一項に第二項をかけるということの意味づけは容易です。しかし、（b）ではそうはいきません。通常の素朴なイメージでは、かけ算というのは、何倍かするということなのに、（b）では、「4mという棒に関して、その1mずつが3kgであるとすると、全体がいくらになるか」を考えていることになるからです。「4mという棒に関して……」の文章が、日本語として理解できないように、このかけ算を理解するのは困難です。

小学校でかけ算の項の順序をうるさく指導するのは、この理由からです。

かけ算の意味

以上のように、（a）がかけ算の無理のない形だと考えられます。（a）を一般的な形で書けば、次のようになります。

（1あたり量）×（いくつ分）＝全体量　（c）

かけ算の基本形はこの形です。そうなると、かけ算とは、素朴に「何倍かする」ということにはとどまらないことになります。

何か（たとえば長さ）について注目した1（ここでは1m）あたりの量（ここでは3kg／m）に、いくつ分（ここでは4m分）をかけて全体量を求めようとする計算が、かけ算なのです。

かけ算の基本形は（c）だと言いましたが、では本当にかけ算という形で行われるすべての計算が、この（c）のような構成になっているのでしょうか。高等数学やベクトルの外積といった特殊なものを除けば、日常的なところで使用されるかけ算は、まずそう言っていいだろうと思います。

先の長方形の面積もそうです。「1列あたりの単位面積の数」に「何列分」あるかをかけて面積を求めているのです。

また、「時速40kmで5時間走りました」というような速度の問題もそうです。時速とは「1時間あたりに走る距離」です。それに「いくつ分」の時間をかければ、全体の走った距離が求まるのです。

濃度はどうでしょうか。「3%の食塩水200ccの中に含まれる塩の量」はどうなるでしょう。

$$0.03\,\mathrm{g/cc} \times 200\,\mathrm{cc} = 6\,\mathrm{g}$$

この式のように考えればいいわけです。先程の「1あたり量」で考えて、1ccあたりに0・03gの塩が含まれているので、それが200cc分の時の全体の塩の量を求めるというようにです。

かけ算と割り算は1あたり量が中心概念

混乱させるといけないのですが、割り算には実はもう一つ意味があります。かけ算は（c）のように表されました。

（1あたり量）×（いくつ分）＝全体量　（c）

このとき、「全体量」を「いくつ分」で割って「1あたり量」を求める割り算が、これまで述べてきた割り算で、「**等分除**」とよばれるものです。等しく分けて「1あたり量」を求める計算です。

（c）の左辺には「1あたり量」と「いくつ分」の二つの項があります。では、「いくつ分」ではなく「1あたり量」で割るとどうなるでしょう。「20個のまんじゅうを1人5個ずつ取ると、何人分になるか」といった場合です。このときには、「全体量」を

全体を等しく分ける ⇨1あたり量 ⇨かけ算（いくつ分）⇨全体がでる
（等分除）

⇩

（全体を1あたり量で割る）

⇩

いくつ分がでる（包含除）

図 3-7 「1あたり量」 を中心にしたかけ算と割り算の関係

「1あたり量」で割って「いくつ分」を求めていることになります。この割り算は**「包含除」**とよばれます。

わかりやすいように、図3―7のように図式化してみましょう。

このように、**かけ算と割り算は、「1あたり量」を中心概念にした、相互に密接に関連した計算だ**と考えれば、わかりやすいし、使いやすいだろうと思います。

1あたり量で文章題を考える

さて、少なくない人たちが濃度や速度の文章題に困難を感じているようです。そういう人には、**「1あたり量」を軸に文章題を見ていくことをおすすめします。**

まず、文章の中に「1あたり量」が述べられているかどうかに注目します。たとえば、「時速40㎞」とあれば、「1あたり量」つまり1時間あたりの速さが述べられていることになります。

そうすると、そこからは、二つの道しかありません。**その「1あたり量」に「いくつ分」をかけて「全体量」を求めるか、「全体量」をその「1あたり量」で割って「いくつ分」を求めるかの二つだけ**なのです。

これは文章題の表現だと次のようになります。

(1) 時速40㎞の車で、5時間走ると何㎞行きますか。(かけて全体量を求める)

(2) 200㎞の距離を、時速40㎞の車で走ると、何時間かかりますか。(割っていくつ分を求める)

この二つしかないのです。

そうして、もし、「1あたり量」が文章中に述べられていなかったとすれば、それは、もっと簡単なことに、「1あたり量」を求めなさいという問題でしかないのです。これは、文章題の表現だと次のようになります。

(3)　200kmを5時間で走りました。この車の時速は何kmですか。（割って1あたり量を求める）

文章題というもの

文章題について、一言述べておきます。

多くの人が、「文章題が解けないのは国語の力がないからだ。文章が読めないからだ」と言っているのを、よく耳にします。そう言っている人のほとんどは、「計算はできるのだから、文章題の文章が読めて意味がわかれば解けるはず」と考えているのだと思います。

けれども、文章題とその解き方とを見ていると、そうとは言えないと思えてきます。確かに、文章題の文章が読めることは必要です。けれども、文章が読め、理解できたからといって、式を立てられるとは限りません。そこが難しいのです。

たとえば、次のような文章題があったとしましょう。

高速道路を自動車で、ここまで280kmを3時間半かかって走って来ました。目的地まであと200kmあります。このままの速度で走ると、あと何時間で着くでしょう。

どうでしょうか？　問題を読んで、その情景はすぐに思い浮かべることができるでしょうが、この種の問題に「慣れて」いない人は、式がすぐには立たないかもしれません。ですから国語の力があれば、文章が読めれば、文章題は解けるというわけにはいかないのです。

では、この種の問題に「慣れて」いる人たちは、どんな知識を手に入れて使っているのでしょうか。

この問題を一度に解こうとすると、文章が複雑ですから混乱してしまいます。ですからまず、**問題を考えやすく分割する必要があります。**この問題ですと、「280㎞を3時間半かかって走って来ました」という部分と「目的地まであと200㎞あります。このままの速度で走ると、あと何時間で着くでしょう」という二つの部分に分割できます。

分割された後ろ部分を見れば、目的地までの距離200㎞がわかっていて、それに何時間かかるかを聞かれています。そのかかる時間がわかるためには、どのくらいの速度で走っているのかという時速が必要です。この時速がわかれば解けそうだと思えますね。

このように、ゴールに到達するのに必要な一つ手前の目標(ゴール)をサブゴールとよびます。**サブゴールが設定できれば、やるべきことはずいぶんはっきりしてきます。**

この分割の作業やサブゴールの設定には、1あたり量の概念(この場合は時速ですが)が自在に使えて、そのような観点でこの種の文章題を見られるようになっていなければなりません。

すなわち、国語的に文章が読めただけではダメで、先のような作業ができる「数学的な」知識を獲得して使えなければならないのです。

勉強のコツ

さて、かけ算と割り算という計算が、「1あたり量」という考え方を中心にして、密接につながりを持っていることはわかってもらえたと思います。

ここでも第一節で述べた、面積の公式群のことを思い出してください。そこでは、長方形の面積の公式が中心になって、他の公式を関連づけてつないでいました。この節のかけ算と割り算の説明も、同様のことと考えてもらえると思います。

知識や公式は、単独では弱いものです。他の知識と関連がついていないと、すぐに忘れるし、忘れると思い出す手がかりが他にないので、修復・再生が難しいのです。

それに対し、互いに関連を持った知識や公式の群は忘れにくく、たとえ忘れたとしても、関連する知識や公式からヒント・手がかりを得ながら、思い出すことも可能になってきます。

そして、その関連のさせ方が、一つの概念、知識、公式などを中核にして、それによって周辺部がカバーされているようなものだと、記憶するのは中核的なものだけでいいことになり、記憶の負担は著しく軽くなります。

また、第二章第二節で述べたように、関連をつけるための知識であれば、その量が増えても、記憶に負担がかかりません。中核的な概念、知識、公式などと、周辺部とが関連づけられていれば、記憶は楽にできるのです。

この章の主張は単純なものです。**核があり、それに周辺部が関連づけられるような知識体系が有効で、そのような知識体系の形成を目指して勉強しよう**ということです。やたらに丸暗記をしてはいけないのです。

他の教科でも同じ

この章であげた例は、算数や数学のものでした。しかし、この章の主張は、算数や数学に限定されるわけではありません。社会科だって理科だって同じです。

たとえば、歴史を考えてみましょう。多くの人が受験のための対策として、いろいろな出来事の年代を語呂《ごろ》合わせで多量におぼえたりします。しかし、このような勉強法がまずそうだというのは、ここまで本書を読んでくれたみなさんなら、もうおわかりでしょう。

歴史のいろいろな出来事は、時代の大きな流れの中で理解されなければ、単独で孤立し、記憶しにくく忘れやすいものです。しかし、たとえば中央集権的な公地公民の制度が作られ、それが崩れていくのが時代の流れだと中核部を理解していれば、戸籍が作られたり、律令が整備されたりする時期を経て、それが崩れていく具体的な例として「三世一身法」を関連づけられるでしょうし、それがもっと崩れたのが「墾田永年私財法」だというのも自然に理解でき、記憶につながっていくだろうと思います。

さて、次章では、理科と国語に例をとりながら、よくある勉強法のどこがいけないのかをさらに具体的に考えていくことにしましょう。

第四章　この知識のどこがいけないのか――勉強のコツ②

1　広がらない知識はここがいけない

昆虫に関する貧弱な知識

みなさんは「昆虫」と聞くと、どんなものを思い出しますか？　チョウやアリやバッタなどと言う人もいるでしょうし、なかには立派なカブトムシなどを思い出す人もいるかもしれません。

そして、「昆虫とはどのような生き物ですか」と質問されたら、多くの人が「頭・胸・腹の三つの部分からできていて、六本の足がある。ハネがあるものもいる」と答えるのではないでしょうか。多くの人が、このように答えることができるのは、小学三年生で教わる理科に「昆虫」の単元があるからでしょう。

さて、多くの人が昆虫に関して、上記の「頭・胸・腹の三つの部分からできていて、六本の足がある。ハネがあるものもいる」という知識を持っているのですが、残念なことにその「使い方」、「使え方」は貧弱としか言いようのないものです。

試しに大学生に質問してみましょう。「ムカデは昆虫ですか」とたずねると、「虫ではあるけれど、足がたくさんあって六本ではないし、頭・胸・腹に分かれていないから昆虫ではない」という答えが返ってきます。また、「クモは昆虫ですか」と聞くと、「昆虫だ」と間違って答える人もいますし、「足が八本だから昆虫ではない」と言う人もいます。昆虫でないと言う人に、「クモには頭も胸も腹もあるじゃないですか。それでも昆虫じゃないんですか」と重ねてたずねると、「それはそうかもしれないけど、足の数が違うから違うんじゃないですか」などといった答えが返ってきます。

これらの大学生たちの回答は、先ほどの昆虫に関する知識を機械的に当てはめているだけなのです。足が八本だと、なぜ昆虫ではないのかとか、なぜ昆虫は頭・胸・腹に分かれているのかといったような、それ以上の説明は一切ありません。ただただ、「定義」

を当てはめるだけで、昆虫と他の類似した虫とがなぜ区別されるのか、昆虫にはそれ以外のどんな特徴があるのかといったことに関しても、何も言いません。他の似た虫たちとも関連を持たず、「頭・胸・腹と六本足」を呪文《じゅもん》のように繰り返すだけなのです。「使い方」「使え方」が貧弱だと言ったのはこういう状態を指しています。

動物として昆虫を意識する

私の尊敬するある小学校の先生が音頭をとって、その小学校全体で総合学習を活発に推進したことがあります。その中のひとつに地域名産のホタテの運動器官、捕食器官、呼吸器官などについて、中学年が調べるというものがありました。その内容は知的で楽しく、公開研究会前に水産試験所の技師さんを招いての質問では、その専門家の技師さんを喜ばせたり驚かせたりしたそうです。子どもたちの発表のレベルもとても高いものでした。

なぜ、こんなふうに総合学習が成功したかと言えば、それは、三年生理科の「昆虫」

の単元をそれ以前に効果的に勉強していたからです。昆虫は、頭・胸・腹の三つの部分に分かれていること、ハネがあること、足が六本であることなど、教科書にあることはもちろん勉強しましたが、先ほどの先生の助言で、綿密な教材研究をしてから担任の先生が行った授業は、通常とは少し変わっていました。

「昆虫も動物である。動物であるからには感覚器官で探索し、運動器官で運動し、捕食器官でえさを求める。また運動するためには栄養・呼吸が必要である。それが内臓の仕事である」といった考えをもとに、昆虫の各部分をよく観察させたのです。

その中で、「ハネや足の付いた移動器官としての胸には、筋肉があり、その筋肉を使ってハネを動かすために堅い外骨格*があること、そのため昆虫はくっきりとした胸を持ち、頭・胸・腹の三つの部分が比較的明確である」、「頭には摂食器官があり、感覚器官が集中している」、「内臓はもっぱら腹の部分にあり、心臓もここにあり、気門で呼吸す

外骨格：動物の体の表面にあって体を支えている殻など。

るために腹は柔らかい」といったようなことを丁寧に教えていったのです。

視点の広がり

このあと、子どもたちは、ホタテについても次のような見方をするようになりました。

「運動器官があるはずだ、どこを使って動くのか」↓あの大きな貝柱がそうだ！

「一見わからないが、捕食器官があるはずだ。どこがそうなのだろう。何を食べているのだろう」↓プランクトンだそうだ！

「心臓はどこだろう」↓動いている心臓に薄めた墨汁を注射器で注入すると、貝柱なども含めた全身がだんだん黒くなってくる！

「感覚器官はどれだろう」↓まわりについている黒い斑点《はんてん》のようなもので、明暗を感じるのだそうだ！

この子どもたちの思考、知識の使い方は、「昆虫」からスタートして、ホタテにまで広がっているのがわかります。それに対して、先ほどの大学生たちの知識は、昆虫だけにとどまり知識が広がっていかないのです。この違いは何によるのでしょうか？

昆虫であるための条件

ここで少し、昆虫の「胸」について触れておきます。昆虫の「胸」は、肺や心臓のある人間の胸などとは、全く違うものです。感覚器官と摂食器官のついた「頭」と、内臓の詰まった「腹」とをつなぐ栄養や食物が通るパイプを別にすれば、**昆虫の「胸」は運動器官として特別な発達をしています。**

昆虫の「胸」は、三つの節《せつ》からなっており、そのそれぞれの節に一対の足が付いていています。ですから、足が六本になるのです。前章のかけ算でいえば、次のように表せます。

（2本／節）×（3節）＝6本

そして、ハネもこの胸の三節のうちの後ろの二つに、一対ずつ付いています。ハネは多くの場合四枚です。これらの足やハネ、特にハネを動かすのに、**胸の中には筋肉がぎっしり**詰まっています。**ハネは、昆虫の最大の特徴**と言っていいものだろうと思います。原始的な一部のもの（これらの大部分を昆虫から外そうと考える研究者もいるようです）を除けば、みんなハネがあるのです。鳥類を除けばハネがあるのは昆虫だけですし、虫で飛んでいるものがいれば、それは必ず昆虫と言っていいのです。

「アリにはハネがないではないか」と言われるかもしれませんが、百科事典には次のような記述があります。

膜翅《まくし》目*（ハチ類）アリ科 Formicidae に属する昆虫の総称。女王（雌）アリを中心に家族的な集団（コロニー）で生活する。働きアリという無翅の階級が存在すること（中略）などの特徴をもつ」（平凡社大百科事典）

びっくりするかもしれませんが、アリはハチの一種なのです。そして、働きアリにはハネがないけれど、それ以外のアリにはハネがあるのです。「働きアリは性的には雌性《しせい》で、発育不全のまま成虫になるため雌アリより小型で翅を欠き、生殖器官も退化している」とも書いてありますから、ハネがある方が「普通」なのだと考えてもいいかもしれません。

さて、**ハネを勢いよく動かすためには、筋肉だけでは不十分で、がんじょうな外骨格が必要**です。観光地などの池にある、手こぎのボートを思い出してください。船の中に座った私たちがオールをしっかりとこげるためには、ボート本体がしっかりしていなければなりません。私たちが力を入れて踏ん張るためにも、がんじょうである必要があり

翅（ハネ）：鳥のハネは羽、昆虫のハネはこの字で書くことが多い。

ますし、オールをとめる支点が安定するためには、船べりがしっかりしていなければなりません。昆虫の胸が硬くてがんじょうなのはこれと同じ理由です。

腹は呼吸のためにも柔らかく動ける必要がありますし、感覚器のついた頭も自由に動かせると便利でしょう。しかし、それらの間にある胸は硬くてしっかりしていなければならないのです。これが、昆虫の体が、頭・胸・腹にくっきり分かれていることの理由だと思われます。もとはと言えば、ハネを持ったことから、この形ができあがったと考えればいいのだと思います。

どのように広がるのか

さて、先の小学生の話にもどりましょう。この小学生たちの勉強の特徴は、昆虫という「個別事例」を詳しく学んだことだけではありません。

実は、昆虫を細かく見る時に、「動物とは動いて、食べ物をとって……」という「一般論」も同時に学んでいるのです。「なるほど昆虫ではこうなっているのか、こう具体化されているのか」というふうに、**「個別事例」によって「一般論」も補強されているわけです。**「胸」を見るときは「運動器官」として、また「動物は動くという一つの例」として、きちんと見ているのです。

視点（一般論）があれば、それに沿ってものをよく見ることが可能になりますが、個別事例をより深くわかると、視点の有効性をも実感できるようになります。

関連づけた勉強が強いということは、第二章でも書きましたが、先の小学生たちは、強固な関連のついた「個別事例」と「一般論」をセットにして勉強しているのです。そして、「ホタテ」という個別事例に、ホタテも動物なのだから、動物にあてはまる一般論はここではどうなっているのだろうか、という探求をしているのです。

次の図4―1は、この事態を示したものです。

「昆虫」から「ホタテ」への橋渡しを、「一般論」がしっかりしています。けれども、先の大学生の知識には、この橋渡しの「一般論」が、決定的に欠けていたということなのです。

「動物とは」という一般論

⇩⇧　　　　⇩⇧

「こうなっているのか」という関連　　「どうなっているのか」の関連を探る

⇩⇧　　　　⇩⇧

「昆虫」という個別事例　　「ホタテ」という個別事例

図 4―1　「一般論」による広がり

応用問題に挑戦

「個別事例」を単独でいかに詳しく知ろうとも、それだけでは知識は広がりません。橋渡しになる「一般論」が必要です。

それでは、渡り鳥で応用問題をしてみましょう。「白鳥が、冬になると、シベリアのほうから渡って来て、春になると帰って行く」というのは、私たちにとってよく知られた事実でしょう。

では、日本で夏に見かける「ツバメ」は、冬はどこにいるのでしょうか。大学生に聞いてみても、これに答えられる人はあまりいません。なぜ、そうなってしまうのでしょう。どうすれば「ツバメ」について答えられるようになるのでしょうか。

原因は、「白鳥」については知っているが、その知識が広がらないので「ツバメ」までいかないからだと考えられないでしょうか。そうすると、橋渡しをする渡り鳥に関する「一般論」がないからだということになります。

白鳥の渡りを、「シベリアの冬は寒さが厳しいので、避寒のために日本にやって来る」という視点でとらえられれば、渡り鳥は「冬は暖かいところ、夏は涼しいところ」にいると考えられます。これが渡り鳥の「一般論」です。

北半球では、南の方が暖かく北の方が涼しいことを私たちは知っています。日本はシベリアより南にありますから、相対的にシベリアより日本は暖かく、シベリアは日本より涼しいという知識が、白鳥の「個別事例」と、渡り鳥の「一般論」の関連をつけることになるのです。

ちなみに、**鳥は羽があって飛べるため、「冬は暖かいところ、夏は涼しいところ」とい**

うのは、鳥全体の「一般論」でもあります。渡り鳥のように大移動は行わない身近な鳥も、季節によって場所を移動しています（熱帯のように気候が変わらないところにいる鳥はそうではありませんが）。

さて、この渡り鳥の「一般論」を「ツバメ」に使ってみてください。夏は涼しいところにいて、それが日本なのですから、冬は日本より暖かい南の方にいると考えられるのではないでしょうか。事実、「ツバメ」は、冬には台湾や東南アジアにいるようです。

これで、白鳥から広がらなかった知識が、「ツバメ」にまで広がったことになるでしょう。**知識が広がらないのは、他の事例までいけるような「一般論」を欠いているからなのです。**「知識が広がっていないな」と思ったら、このような処方箋《しょほうせん》を思い出してほしいと思います。

高気圧と低気圧

テレビでは毎日天気予報が報道されています。高気圧や低気圧の位置や動きが図示され、「明日は高気圧だから晴れ」「明日は低気圧だから雨」というような予報が出されています。そこで、「なぜ、高気圧は天気がよく、低気圧は天気がくずれるのでしょう?」とたずねてみると、おどろくことに、結構たくさんの人が「知らない」「わからない」「そんなこと考えたこともない」と答えます。

それでも考えてもらうと、「高気圧の日は、からっと晴れて空が軽く感じられる。反対に、低気圧の日は雲が立ちこめて空が重く感じられる。だから、高気圧の日は空気が軽く、低気圧の日は空気が重いというのであればいいのだが……」と悩んでしまいます。

高気圧だから晴れ、低気圧だから雨、という「個別事例」をつなぐ「一般論」を見つけるために、二つに共通するものを探してみましょう。すると、「気圧」という言葉が共通であることに、すぐに気づきます。

気圧というのは、辞書などでは、「単位面積の上にある空気の重さ」というように説明されています。ある地点の上の空気が周りより重くなると高気圧、ある地点の上の空気が周りより軽くなると低気圧というわけです。空気の重さは、その場所の空気の密度や層の厚さなどによって決まるのですが、空気は気体ですので、一般の気体が持つ性質を持つということになります。

さて、高気圧だから晴れ、低気圧だから雨には、もう一つ共通するものがあるのですが、何だかわかりますか？　実は、それは「水」なのです。晴れも雨も、「水（雨）」の有無についての言葉だからです。

そこで、「気圧」（「空気」）と「水」という、二つの共通のものを使って、高気圧だから晴れを説明すると、次のようになります。
（1）気体は圧力の高いところと低いところがあると、均一になろうとして動く。↓高気圧のところは気圧が高いため、押されて空気が周りに流れ出す。上から押されて流れ出すのだから、空気の流れは下向き（下降）。↓空気は下降するとより圧縮されて（おしくらまんじゅうのイメージ？）、暖かくなる。↓暖かい空気の中には水がたくさん混ざれるので、雲が消えて晴れる。
少し難しいけれども、同じように低気圧でも試してみましょう。

（2）気体は圧力の高いところと低いところがあると、均一になろうとして動く。↓低気圧のところは気圧が低いため、周りから空気が流れ込んで来る。気圧が低いところへ流れ込むのだから、空気の流れは下から上へと押し上げられる（上昇）。↓空気は上昇するとより拡散して（人がまばらになった教室のイメージ？）、冷たくなる。↓冷たい空気の中には水が少ししか混ざれないので、余った水が雲になり雨になる。

どうだったでしょうか？　次に天気予報を見る時に、ちょっとでも、見る目が変わっていてくれたらと願っています。

2　現実とつながらない知識はここがいけない

磁石は鉄を引きつける

「磁石は鉄を引きつける」という知識は、小学校の教科書にのっていますし、まずみんなが持っていると考えてよいでしょう。磁石にクリップや鉄粉がつくというのは、その

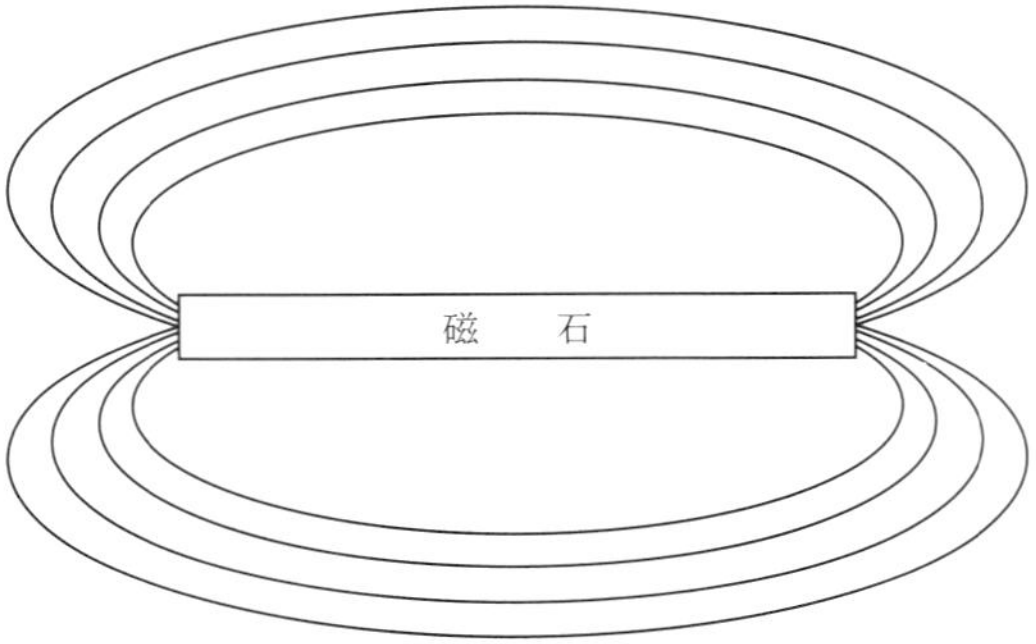

図4—2　磁石による磁界の様子

知識で理解できます。

さて、ここからが本題です。図4—2は、紙の上に鉄粉をまき、紙の下に棒磁石を置いた時の様子です。実際にやったことがあるかどうかはわかりませんが、図としては、どこかで見たことがあるという人がほとんどだと思います。一様にばらまかれていた鉄粉が、極の付近では極に引きつけられ、極から遠いところでは、筋状になっています。磁束の状態を表していると言われることもあります。

「磁石は鉄を引きつける」という知識で、極付近の状態は説明できます。しかし、極から離れた場所で、鉄粉が筋状になっている状態は説明ができるでしょうか。棒磁石を置かなければ、鉄粉は一様に分布していたのですから、磁石から何らかの影響を受けているのは間違いありません。磁石から影響を受けるのであれば、「磁石は鉄を引きつける」のですから、どちらかの極に集まれば問題はないのですが、極に引き寄せられることもなく、しかし磁石からの影響は受けているのです。この状態はどのように説明すればいいのでしょうか。

知識を使えるように変える

結論から言えば、**「磁石は鉄を引きつける」という知識で、この筋状になる状態を説明はできません。**

このようなとき、私たちが取る姿勢には、二とおりあります。一つは「現実はいろいろ複雑だから、知識で説明できなくてもしかたがない」と、「知識」と「現実」を分離してしまう姿勢です。現状の知識温存型です

もう一つが、私が望ましいと考えている姿勢です。**「現実をとらえるのが知識の役割**

で、**使えない知識は意味がない」**というものです。この場合には、使えない知識がなぜ使えないのか点検し、使えるように変えることになります。現状の知識改変型です。

図4―3(a)を見てください。磁石にクリップが複数個くっついています。これは何の不思議もありません。

では、(b)はどうでしょうか。磁石からクリップが離れているのですが、クリップどうしがくっついているものです。磁石から離れていても、「磁界の中に鉄を置くと、鉄も磁石になる」と考えればどうでしょうか？　磁石どうしですからくっついて当たり前です。しかし、「鉄も磁石になる」というのは本当でしょうか。

(c)のように、磁石から離して置いたクリップの周りで、方位磁針を使ってみると、クリップがNS極を持って、磁石になっているのが確認できます。

または、図4―2のような状況の中で、磁石から離れたところに鉄を置くと、それが磁石になって、その磁石からの磁束が見えるようになります。それが図4―4です。

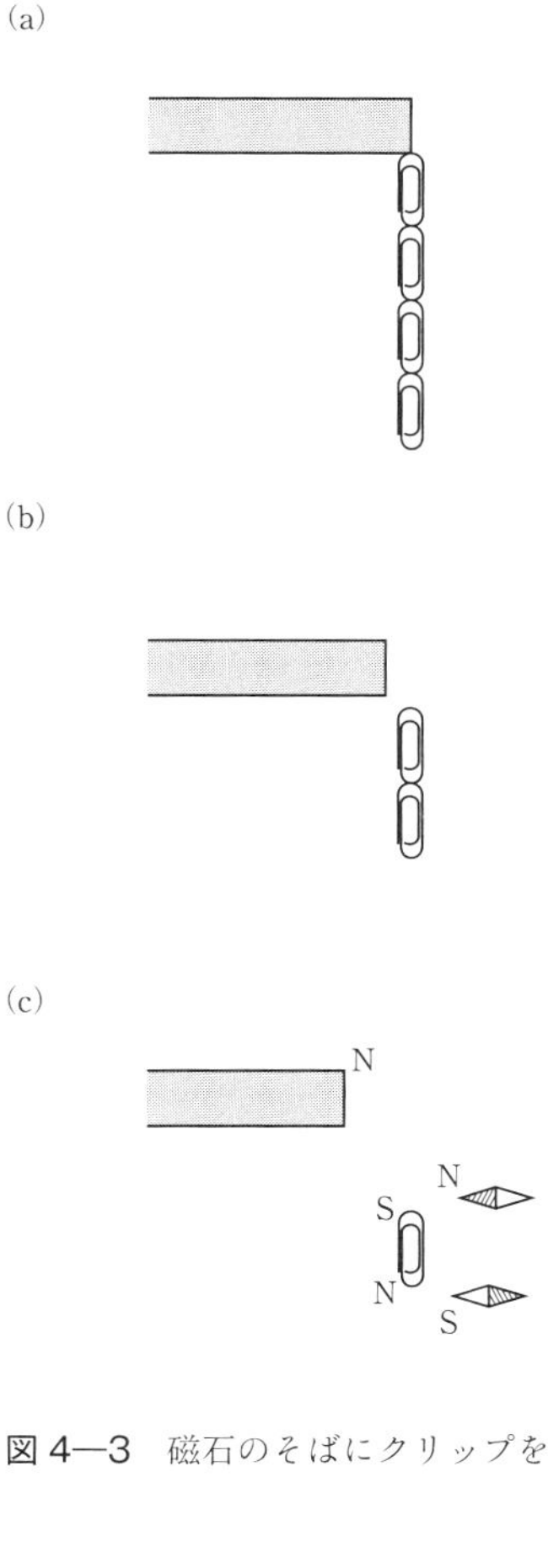

図4—3　磁石のそばにクリップを置くと……？

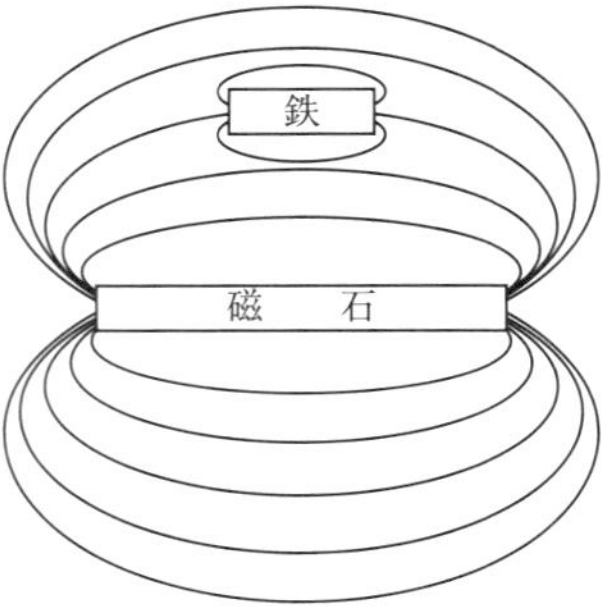

図4―4　磁石のそばに鉄を置くと……？

現実とよりつながる知識

さて、ここまでの説明で、「磁界の中に鉄を置くと、鉄も磁石になる」ということが確認できたとしましょう。この知識で、図4―2の極から離れた場所で鉄粉が筋状になることは説明ができます。

極から遠い鉄粉は磁石から影響を受けるのですが、摩擦にさからって極まで引きつけられるほど大きく磁化されはしないのです。それでも、鉄粉の一つ一つがそれぞれ磁石になって、隣どうしで引き合うことになり、それで筋ができるのです。

いま、「磁石は鉄を引きつける」という知識と、「磁界の中に鉄を置くと、鉄も磁石になる」という二つの知識があるわけですが、鉄粉が筋状になるということだけを取ってみても、後者の知識の方が有効なのは明らかでしょう。

それに、電磁石のような場合には、優劣はもっとはっきりしています。コイルの中に鉄心を入れるのが電磁石の一般的な姿ですが、コイルによってできた磁界の中に鉄心があるのですから、この鉄も磁石になります。そして、コイルの磁界と磁石になった鉄心とを足し合わせたものが、電磁石の強さになるのです。このようなことは、とても「磁石は鉄を引きつける」という知識では説明できません。

先に述べたように、「現実をとらえるのが知識の役割で、使えない知識は意味がない」と私は考えています。「磁石は鉄を引きつける」という知識は、磁石のごく限られた場面に関して、しかも、それを表面的に、現象だけを述べたものですから、適用範囲が狭いのです。それに対して、「磁界の中に鉄を置くと、鉄も磁石になる」という知識は、実際に何が起きているかの実態に踏み込んでいますから、適用範囲が広くなるのだと考えられます。

小さな子どもに対して、「磁石は鉄を引きつける」というところから入るのは別に問題はないでしょうが、それで説明できないことが出てくれば、変えた方がいいだろうと思います。

つまり、知識が現実とうまくつながらなくなったら、知識自体の内容が不十分なのかもしれないという処方箋を思い出してください。

3　わからなくならない知識はここがいけない

凸レンズの例

この節の題を見て奇妙に思う人も多いかもしれません。知識は「わかる」ためのものであって、「わからなくなる」ためのものではない、と言う人もいるかもしれません。

でも、この「題」は、間違いではありません。ややこしくなるといけないので、さっそく凸レンズを例にとって、話を始めましょう。

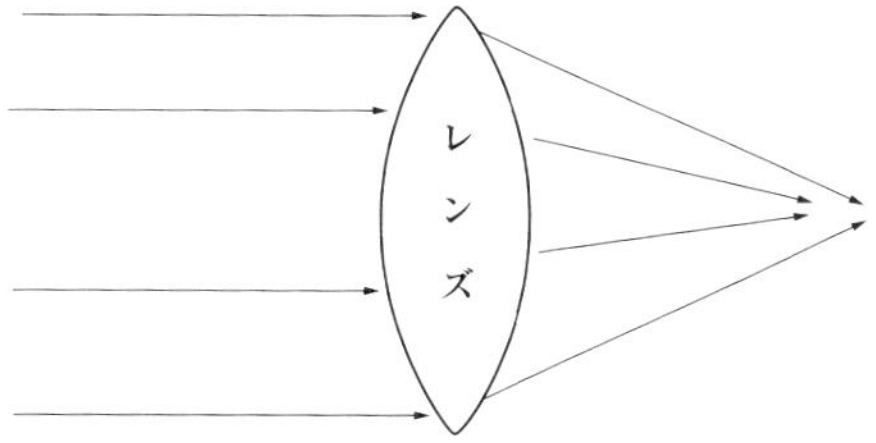

図4—5　凸レンズは光を集める

「凸レンズは光を集める」ことは、よく知られた事実です。図4—5のように平行光線が凸レンズで一点に集まる図は、まず誰《だれ》もが見たことがあると思います。

多くの人が「凸レンズは光を集める」という知識を持っています。これはこれでいいのです。

さて、問題はここからです。これまた多くの人が「虫《むし》眼鏡《めがね》でものが大きく見える」ということ、そして「虫眼鏡は凸レンズである」ということを知っているだろうと思います。そこで、「凸レンズは光を集めるのだから、虫眼鏡では、ものが小さく見えることにならないのだろうか。なぜ大きく見えるのだろう」と質問されたら、みなさんは何と答えますか？

私の質問した大学生のほとんどが、「そんなことは、考えたこともない。聞かれて考えたが、なぜだかわからない」という回答でした。

図4―6を見てください。物体からはあらゆる方向に乱反射で光が出ていますが、一つの光だけ描きました。矢印の物体の先端からある方向に出た光が、凸レンズで屈折して目に届いたとします。その屈折のしかたはもちろん広がる方向ではなくて、集まる方向です。

物体から出た光は屈折して目に届いているのですが、目には光が屈折して到達していることはわかりません。そのため、目は光がやってきた方向の延長上に物体を見ることになるのです。凸レンズが光を集めるからこそ、拡大してものが見えることになるのです。

「わからない」は勉強のきっかけ

この説明で納得がいったでしょうか。図4―6の凸レンズでの見え方、すなわち光の

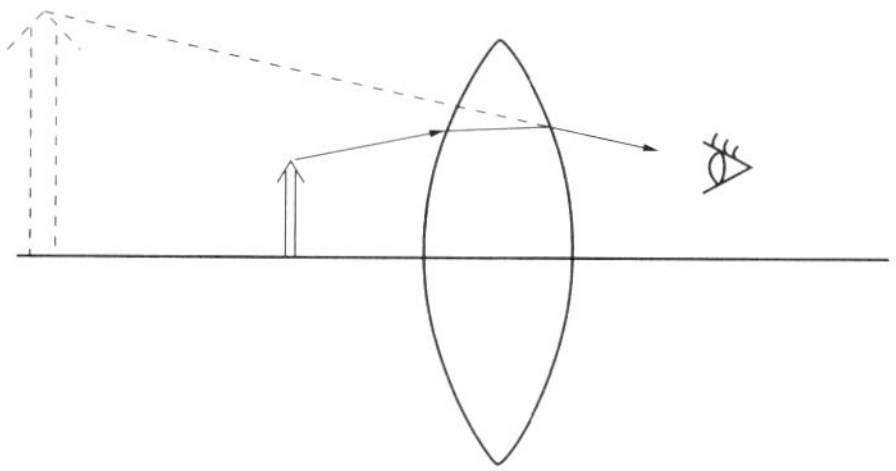

図4—6　なぜ凸レンズを通すとものが大きく見えるのか？

屈折のしかたと、その光を受け取る目の関係がわかれば、それと逆の「凹レンズで、ものが小さく見える」という現象は、手の届く応用範囲のはずです。「凹レンズは、やってきた光を拡散させる」ことを使って、練習問題と考えて、図4—6と同様の凹レンズの場合の図を描いてください。

さて、この凸レンズの例から、どんなことが言えるのでしょうか。

まず、知識というのは、それを持っている人がかなり意識していないと、「決まり切った使い方」しかされない可能性が高いということです。「凸レンズは光を集める」「虫眼鏡でものが大きく見える」「虫眼鏡は凸レンズである」といった知識は、独立に並存していて、それぞれの知識がそれぞれの狭い分野で決まり切った使い方をされ、互いに関連させられることは少なくなりがちだということです。

次に、その狭い範囲を超えて、ある知識が他の知識と関係させられると、そこで「わからない」ということが起きる可能性があるということです。

この、**「わからない」状態は、どう考えたら矛盾がなくなるのだろうか、無理なく関連がつくのだろうか、と考えるきっかけになります。そして、それが解決したとき勉強は格段に進むのです。**すなわち、「わからない」ことは、勉強を進めさせる絶好の機会だということです。

二種類のわからない

ところで、ここで「わからない」という状態には二種類あることに注意しておかなかればなりません。

一つは、ごく一般的な「知らないからわからない」「知識がないからわからない」という状態です。単語を知らないから文章の意味がわからないとか、位取りを理解していないから繰り上がり・繰り下がりがわからないという状態です。これを「第1種のわからない」と私はよんでいます。第1種のわからない状態は、説明しなくてもわかってもらえると思います。

もう一つの「わからない」状態は、知識があって、それを使うから起きる「わからない」です。これを、私は「第2種のわからない」とよんでいます。先の凸レンズの例で言えば、「凸レンズは光を集める」「虫眼鏡で物が大きく見える」「虫眼鏡は凸レンズである」という知識を使うことによって、「凸レンズは光を集めるのだから、虫眼鏡では、物が小さく見えることにならないのだろうか。なぜ大きく見えるのだろう」というように、「わからない」状態が引き起こされているのです。

知識は道具です。その道具を使って、まだよく知らない世界を探索しているのが、私たちの勉強の姿です。そして、このプロセスの中で「第2種のわからない」状態が生じるのです。

わからないことがいっぱい

「第2種のわからない」状態が起きるのは、もとに知識があって、それを使って考えるからです。いくつかの例を、思いつくままにあげてみましょう。

(a)私たちは、植物が光合成で「デンプン」を作ることはよく知っています。でも、作ったデンプンはどうするのでしょう。まさか、単にイモや根に貯《た》めておくためではないでしょう。では、何のためにデンプンを作るのでしょう。

それに、デンプンは水に溶けません。どうせ、水に溶ける糖に変えて植物の中を移動させるのなら、最初から「糖」を作ればいいでしょう。なぜそうしないのでしょう。

(b)心臓は血液を体内のすみずみまで送り届ける仕事をしています。そのために圧力が必要で、それが血圧だと、私たちは知っています。

キリンは長い首をしています。心臓のある位置は胸ですから、高いところにある頭まで血液を送るためには、相当高い血圧にしなければならないでしょう。そこまではいいのです。しかし、そうすると頭を下げたとき、頭はものすごく高い血圧にさらされることになります。どうやって脳を保護しているのでしょうか。

キリンを見ていると、水を飲んでいるような低いところに頭がある状態から、平気で急に頭を持ち上げたりします。急激な血圧の差で、「立ちくらみ」みたいなことになぜならないのでしょう。

（c）日食は月が太陽を隠すからだと、私たちはよく知っています。それに、月が地球の周りを回っていることも、よく知っています。
月が太陽を隠す位置に来るのは、月が太陽と地球の間に入り込む時です。これは「新月」の時です。そうすると、「新月」の時にしか、日食は起きないことになりますが、本当なのでしょうか。

それに、月が地球の周りを回る周期は一ヶ月弱です。その間に新月が必ずあります。毎月、新月があるのに、日食が毎月起きないのはなぜなのでしょう。

わざと危険にさらす

こんなふうに、ある知識をベースに、次々と「第2種のわからない」を作り出していければ、勉強は進展する可能性が出てきます。

実は、「科学」の進展は、基本的にこのようにして行われてきたのです。**科学は「新発見」によって進歩してきたのだ、と単純に思われていますが、その背景を考えると、以前の法則では合わなくなった現象（これは以前の知識を使ってわからなくなった状態ですね）がきっかけになって、次の仮説を生み出して進歩してきたのです。**

科学の基本的姿勢は、自らを「わざと危険にさらす」「わからなくなることを探している」というところに特徴があるとも言えます。ですから、何でもできるようなことを言う研究者は、少し疑ってかかった方がいいだろうと思います。それに対して、よい研究者は専門分野での「よくわかっていないところ」「問題点」「困難点」をきちんと把握して指摘してくれるタイプだと考えておけば、まず間違いありません。

さて、数学や社会や他の教科の勉強でも、「わざと危険にさらす」やり方は有効です。たとえば、数学の問題を解くとしましょう。そのとき、その問題が教科書の特定単元や問題集のある分野（たとえば三角関数）の練習・応用問題だったとしましょう。そうすると、私たちには、三角関数の知識を使って解くことが、単元名や分野名からわかってしまっています。

そこで、ある人たちは、分野がわかっている分やさしくなっているのではないか、どの分野の問題かわからないときにも三角関数を使う気になるだろうかと考え、分野名を隠し問題集のどこをやっているのか自分にわからないようにして解いたりします。これは素朴な方法ではありますが、**解くのが難しい場面を「わざと作って」自分を鍛えているのです。**そこで解けなければ、「どうして三角関数を使うことを思いつかなかったのか」とか、「ああ、こう考えれば三角関数が使えるんだ」といった知識を獲得して、学力を上げていけるきっかけになるのです。

わからなくなれるか

さて、この三節も終わりですが、この節の題「わからなくならない知識はここがおかしい」という表現は、もう奇妙だとは感じられないと思います。

「わからなくならない知識」は、どこが「おかしい」かと言えば、その知識を使っていない点なのです。もう少し正確に言えば、決まり切った使い方しかしていない点です。「わからなくなる危険」を冒していないのだと言ってもいいでしょう。

決まり切った使い方しかしないと、「わからない」ことは出てきません。公式を機械的に丸暗記して、それを決まり切ったところに当てはめるというスタイルの勉強をしていれば、公式を暗記すれば「できる」ようになり、「できない」のは、まだ公式をおぼえていないからだということになります。そういう記憶することが勉強だという考えは、

第三章でもみたように、結果として非常に非効率的なものです。

雑多で複雑に見える公式群や知識群の中から核になるものを見つけ、それを大胆に「わからなくなれる」ように「使いまくる」ような勉強が望ましいのです。「わからなくならない知識」は、中核的なものをつかみ損ねている可能性があります。また、同じことですが、孤立した知識をバラバラにおぼえている可能性があります。「わからなくならない」とき、ここに述べた処方箋を思い出してみてください。

4　文章におけるわかったつもり

詩の例

次の詩は、少し前に、ある小学二年生の国語の教科書にのっていたものです。一読してみてください。口調がいいので、楽しく読めると思います。情景も思い浮かべてみてください。

こんこんこな雪ふる朝に

こんこんこな雪ふる朝に
うめが一りんさきました
またすいせんもさきました
海にむかってさきました
海はどんどと冬のこえ
空より青いおきのいろ
おきにうかんだはなれ島
島ではうめがさきました

三好達治《みよしたつじ》

またすいせんもさきました
赤いつばきもさきました
三つの花は三つのいろ
三つの顔でさきました
一つ小島にさきました
一つ畑にさきました
れんれんれんげはまだおきぬ
たんたんたんぽぽねむってる
島いちばんにさきました
ひよどり小鳥のよぶこえに
こんこんこな雪ふる朝に
島いちばんにさきました

この詩を読んで、「何かわからない言葉はありましたか」とたずねられると、ほとんどの人が、「わからない言葉はなかった」と答えると思います。「ヒヨドリが、具体的にどんな鳥かわからない」という人のためには、「ヒヨドリは、スズメより大きくハトより小さい灰色の尾の長い鳥。北海道や東北だと一〇月くらいまで、スズメ、カラスの次くらいに身近でよく見ることができる。波形のような飛び方にも特徴がある上に、甲高《かんだか》くうるさい声で鳴くので、そう思って見ていると簡単に気づくことができる鳥。日本以外にまでは移動しないけれど、先の鳥の一般論どおり、冬には暖かいところ夏には涼しいところに小規模な移動をしているので、南の方でも見られる鳥」と、お教えしておきましょう。

さて、そこでもう一度、この詩にもどって、「ほかにわからない言葉、わからないところはありませんか」とたずねると、まず、ほとんどの人が、「わからないところはありません。情景も思い浮かべられます」と答えます。

わからなくなるために

そういう時に、「それでは、この詩の季節はいつですか?」という質問をすると、それまで「わからないところはありません」と言っていた人がびっくりした表情になって、「雪が降っているし、海は冬なんだけど、梅とかスイセンとか椿《つばき》なんかも咲いていて。それにヒヨドリも来てるから、そこは春だし……」などと、詩を見直します。そして、「粉雪や寒そうに波が打ち寄せている海はまだ冬なのだけど、そこに春の気配が立ち始める冬の終わりころ」「もう、そこまで春が来ている感じ」などと答えてくれるようになります。また、ただそう答えるだけではなく、「長い厳しい冬のあと、やっと訪れてきた春を喜んでいる感じがする」など、より詩の世界に入り込んだ発言をしてくれるようになったりします。

ですから、こうした国語の文章のような場合でも、**「わからないことはない」と思っているときよりも、「わからない」と思って読む方がよく読めるという場合が多々あります。**自分で「わからないことはない」と思うようなときには、「この詩の季節はいつだろう?」」というように、自分で自分をわからなくさせてみるといいのです。

もっとわからなくなるために

それでは、ここでもう一つ、「この詩を書いた時、作者はどこにいるでしょうか」という質問をしてみます。この質問に対しては、「島」という答えが、最初に返ってきます。この詩は、七行目の「おきにうかんだはなれ島」からあと、最後の「島いちばんにさきました」まで、ずっと島のことばかりよんでいるのですから、そう答える人が多いのも不思議ではありません。けれども、それでは、「海はどんどと冬のこえ　空より青いおきのいろ　おきにうかんだはなれ島」とよんでいる時、「作者は、どこにいるのか」ともう一度たずねますと、たいがいの人が困った表情になります。「この部分だけだと、島が見える島じゃないところ、本土とかよべるこちらにいる感じがする」ということなのです。

それで、今度は、「もし作者は島にいないと思って読むとどんな感じでしょうか」というふうに言って読んでもらい、感想を聞いてみます。すると、「『こんこんこな雪ふる朝に　うめが一りんさきました』から『空より青いおきのいろ　おきにうかんだはなれ島』までは、実際に目にしていることで、梅もスイセンも、こちらに咲いているのを実際に見ている。しかし島のことは想像している」「こちらは、まだ梅とスイセンしか咲いてないけれど、島の方が海に囲まれていて暖かいので、椿も咲いたと想像している」「今日は粉雪だから、空は曇っているが、空より青いおきのいろ　というところでも、海が暖かいという感じがする」「こちらでは梅は一輪しか咲いてないけど、島では一輪とは書いてないから、もっと咲いていると思っている」「いまは、想像だけれども、前に行って見たことがある。一つ畑にさきました、というのも、前に行ったことがある畑のことを思い出している感じがする」「梅も椿も春の初めに咲くけど、この詩を読んでいると、梅が先、椿が後のような感じに書いてある。本当にそうか。今度の春には気をつけて見たい」「今日は粉雪が降っているし、海を見ても冬の感じだけど、一輪だけだけど梅が咲いた。沖に見える島では、きっとこうだろうと、こちらより少しだけ暖かい島のことを想像している」「もうすぐ春だとうれしく感じている」など、実にさまざまな感想が返ってきます。それだけ頭を生き生きと働かせて、よりていねいに詩を読んでいるということになるでしょう。

ですから、国語でも、わからないことは何もないと思う時ほど気をつけて、こんなふうに、わざと自分をわからなくさせるような質問を探してみてください。自分をわからなくさせることは、勉強を進めるための大切な処方箋の一つだと思います。

おわりに――教わるということ

先が不透明な時代

みなさんは、「なぜ勉強するのか」と問われたら何と答えますか？　「当面の受験をクリアしたいから」「○○になりたいから」「自然や社会のことを知りたいから」「将来の勉強の基礎だから」「思考の訓練のため」などなどの回答がもどってくるでしょう。こういう回答に誤答はありません。どれもそれぞれに正しいのだと思います。

では、「いまの勉強は、その回答にふさわしいものだと考えますか」とたずねられたら何と答えますか？　今度は、少し言いよどんでしまうのではないでしょうか。

最初の「当面の受験をクリアしたいから」だって、いま現在受けている授業で適切なのかと不安を持っているかもしれませんし、そのあとの理由には、きっぱりと「ふさわしい」と答えられる人は少ないのではないかと思います。そうなる理由は簡単です。いまの勉強は、先が不透明だからです。もう少し強く「こんなことを勉強して何になるのだろう」と感じている人も少なくないかもしれません。

国家レベルでの学校制度は、近代国家の成立とともに始まりました。そして、この学校制度は、国が発展途上にある時には、実学が重視され、勉強して身につけたことが個人の社会的な地位の向上に密接に結びつきますし、社会にも国にも貢献できていることが実感できます。したがって、この時期は教育制度や学ぶことに疑問を持つことは少なく、学んでいる子どもたちの目がキラキラしているのが普通です。

しかし、近代国家成立から時間が経《た》つと、国家の諸制度がくたびれて、はつらつと諸機能を果すというわけにはいかなくなります。そこそこの豊かさはあるけれど、格差が目立ち、諸制度維持の士気もモラルも落ちてきます。いわゆる制度疲労です。自分が努力すれば、そして、国が発展すればみんなが幸せになれると単純に信じられなくなるのです。そもそも発展って何だろうということにもなります。

学校制度もその例外ではあり得ません。みなさんは、いま、そのような時代の学校制度の中にいるのだと、はっきり自覚しておいた方がいいと思います。

教わることのイメージ

さて、そのような学校制度の中で、みなさんが「教わる」ことに関して図5―1(a)のようなイメージを持っているのではないか、と心配しています。すなわち、学習者は、教師の呈示する「知識」を勉強すればそれでよいと考えているのではないか、と思うのです。

(a)で表されるような教育の問題点は、学習者がその知識を、なぜ、何のために勉強しなければならないのかという視点が欠落していることです。

そのことに不満を持つあまり、学校で学ぶことは役に立たない、必要なことは社会や自然の中で自分自身で学ぶべきだ、と考える人たちもいます。このような考えを図にすると、(b)のようになるのではないかと思います。

ただ、(b)では学習者の自主性にすべてが任されてしまっています。この場合の問題点は、学習者が世界との交渉に、他からの援助を得ていないということです。みなさんは、素手で、あるいは自己流で世界と交渉しなければならないということになります。

では、いったいどうすればいいのでしょうか。

知識は道具

そこで、教育として望ましいのは、(c)で表されるようなスタイルだと考えてはどうでしょうか。

学習者は、自然や社会を理解し改良しよう、世界と交渉しようとしています。その交渉は素手ではありません。教師から提案された知識という道具を使うのです。そして、使ってみて有効であれば、その知識を自分のものにすればいいのです。
(c)では、教師と学習者は(a)のように、互いの方向だけを見ているのではありません。教師と学習者が一緒になって、世界に向かって探求を進めているのです。
教師としては、道具の質を上げることに絶えず努力し、学習者としては、それが何に

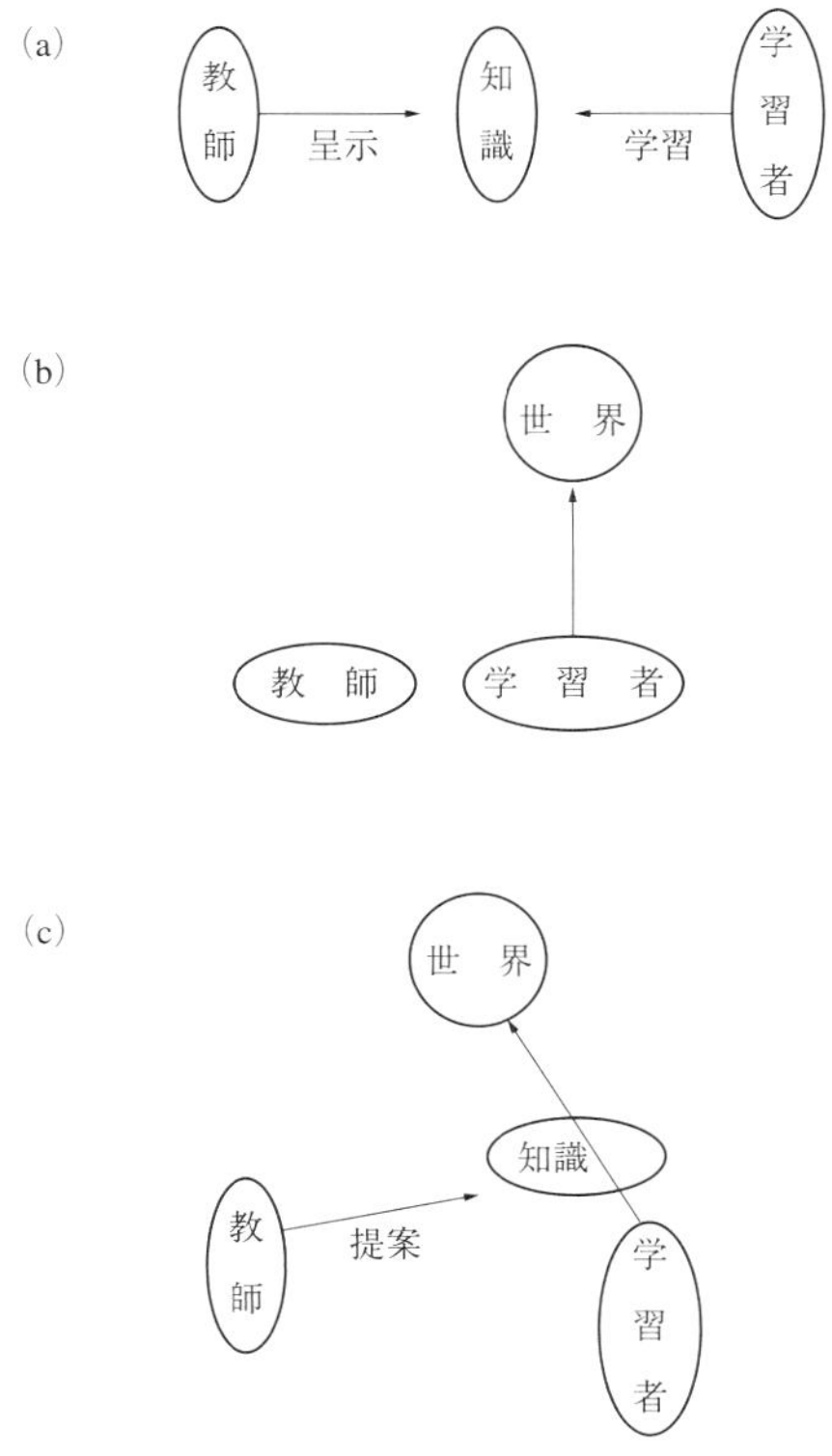

図 5―1　教師と学習者と世界の関係

使える道具か、どのくらい使える道具か、ということに絶えず注意し、わからなければ教師に素直に聞くようにしてほしいと思います。

(a)では、学習者にとっての最終目的は、教師の示す知識の獲得です。しかし、(c)での最終目標は「世界との交渉」そのものなのです。外の世界を理解したり探索したり改良しようとするのには、道具が必要です。その道具が知識であり、道具獲得のための介添え役が教師なのです。

みなさんは、教師がテストに受かるよう指導してくれると思って、すっかりまかせていませんか？　教師が示す知識を身につけさえすればいいと思っていませんか？　実際には、教師の言うことだけを聞いていればできるようになるとは限りません。

勉強の主体性を放《ほう》り出《だ》してはいけません。テストや受験をこなすことは当然のこととして、これからを生きていく自分が、生きていくための道具を手に入れているのが教育の場なのです。わかったか、わからないかをはっきりさせ、勉強の主体は自分だと心に決めてテストに立ち向かい、また社会でやっていくのは自分だと覚悟を決めておかなければなりません。

自分の人生です。教師の手を存分に借りながら、よい道具を集めながら、きちんと役立つ学力を育てていってほしいと願っています。

ちくまプリマー新書

101
地学のツボ
――地球と宇宙の不思議をさぐる
鎌田浩毅

地震、火山など災害から身を守るには？　地球や宇宙の起源に迫る「私たちとは何か」？　実用的、本質的な問いを一挙に学ぶ。理解のツボが一目でわかる図版資料満載。

102
独学という道もある
柳川範之

高校へは行かずに独学で大学へ進む道もある。通信大学から学者になる方法もある。著者自身の体験をもとに、自分のペースで学び、生きていくための勇気をくれる書。

103
めげても立ちなおる心の習慣
岡本正善

メンタルの本質は開き直ることです！　不安や緊張で自滅してしまわずに、プラスのエネルギーに変換して、「自分のリズムで生きる」ためのコツを伝授します。

096
大学受験に強くなる教養講座
横山雅彦

英語・現代文・小論文は三位一体である。本書では、それら入試問題に共通する「現代」を六つの角度から考察することで、読解の知的バックグラウンド構築を目指す。

099
なぜ「大学は出ておきなさい」と言われるのか
――キャリアにつながる学び方
浦坂純子

将来のキャリアを意識した受験勉強の仕方、大学の選び方、学び方とは？　就活を有利にするのは留学でも資格でもない！　データから読み解く「大学で何を学ぶか」。

ちくまプリマー新書

001
ちゃんと話すための敬語の本
橋本治
敬語ってむずかしいよね。でも、その歴史や成り立ちがわかれば、いつのまにか大人の言葉が身についていく。これさえ読めば、もう敬語なんかこわくない！

002
先生はえらい
内田樹
「先生はえらい」のです。たとえ何ひとつ教えてくれなくても。「えらい」と思いさえすれば学びの道はひらかれる。——だれもが幸福になれる、常識やぶりの教育論。

028
「ビミョーな未来」をどう生きるか
藤原和博
「万人にとっての正解」がない時代になった。勉強は、仕事は、何のためにするのだろう。未来を豊かにイメージするために、今日から実践したい生き方の極意。

048
ブッダ——大人になる道
アルボムッレ・スマナサーラ
ブッダが唱えた原始仏教の言葉は、合理的でとってもクール。日常生活に役立つアドバイスが、たくさん詰まっています。今日から実践して、充実した毎日を生きよう。

059
データはウソをつく——科学的な社会調査の方法
谷岡一郎
正しい手順や方法が用いられないと、データは妖怪のように化けてしまうことがある。本書では、世にあふれる数字や情報の中から、本物を見分けるコツを伝授する。

ちくまプリマー新書

019
こころの底に見えたもの
なだいなだ
ヒステリー、催眠術、狐憑き、トラウマ、こころの底は不思議なことばかり。精神分析を作り出したフロイトがそこで見たものは？　心理学誕生の謎を解き明かす。

020
〈いい子〉じゃなきゃいけないの？
香山リカ
あなたは〈いい子〉の仮面をかぶっていませんか？　時にはダメな自分を見せたっていい。素顔のあなたのほうがずっと素敵。自分をもっと好きになるための一冊。

040
思春期のこころ
大渕憲一
質的に変化している少年の問題。過干渉や過剰反応が禁物の場合もあれば、大人が適切に介入すべき場合もある。ゆれる心の根本を知るための、親も子も読める入門書。

074
ほんとはこわい「やさしさ社会」
森真一
「やさしさ」「楽しさ」が善いとされ、人間関係のルールである現代社会。それがもたらす「しんどさ」「こわさ」をなくし、もっと気楽に生きるための智恵を探る。

079
友だち幻想
――人と人の〈つながり〉を考える
菅野仁
「みんな仲良く」という理念、「私を丸ごと受け入れてくれる人がきっといる」という幻想の中に真の親しさは得られない。人間関係を根本から見直す、実用的社会学の本。

ちくまプリマー新書 105
あなたの勉強法《べんきょうほう》はどこがいけないのか？

二〇〇九年三月十日　初版第一刷発行
二〇一九年十月五日　初版第七刷発行

著者　西林克彦（にしばやし・かつひこ）

装幀　クラフト・エヴィング商會

発行者　喜入冬子

発行所　株式会社筑摩書房
東京都台東区蔵前二－五－三　〒一一一－八七五五
電話番号　〇三－五六八七－二六〇一（代表）

印刷・製本　株式会社精興社

ISBN978-4-480-68806-4 C0211 Printed in Japan

chikuma primer shinsho